SIMPÓSIO 70 ANOS!

Blucher

SIMPÓSIO
70 ANOS!

Sociedade Brasileira de Psicanálise
de São Paulo

Simpósio 70 anos!

Publisher Edgard Blücher
Editor Eduardo Blücher
Coordenação editorial Jonatas Eliakim
Preparação de texto e tratamento das imagens Mireille Bellelis
Capa Leandro Cunha
Imagem da capa iStockphoto

Blucher

Rua Pedroso Alvarenga, 1245, 4º andar
04531-934 – São Paulo – SP – Brasil
Tel.: 55 11 3078-5366
contato@blucher.com.br
www.blucher.com.br

Segundo o Novo Acordo Ortográfico, conforme 5. ed. do *Vocabulário Ortográfico da Língua Portuguesa*, Academia Brasileira de Letras, março de 2009.

Dados Internacionais de Catalogação
na Publicação (CIP)
Angélica Ilacqua CRB-8/7057

Simpósio 70 anos! / Sociedade Brasileira de Psicanálise de São Paulo. – São Paulo : Blucher, 2022.

242 p.

Bibliografia
ISBN 978-65-5506-459-9 (impresso)
ISBN 978-65-5506-460-5 (eletrônico)

1. Psicanálise 2. Sociedade Brasileira de Psicanálose de São Paulo I. Título

22-3379 CDD 150.195

Índice para catálogo sistemático:
1. Psicanálise

Conteúdo

Psicanálise e arte

Prefácio
70 anos de psicanálise

Anne Lise Di Moisè Sandoval Silveira Scappaticci[1]

É com grande prazer que, junto com a editora Blucher, publicamos o evento comemorativo dos 70 anos da existência da Sociedade Brasileira de Psicanálise São Paulo, promovido pela atual diretoria da SBPSP.

A *Ide* comemora seu 45º aniversário, sua primeira publicação foi em 1975. É uma revista de interação entre psicanalistas e outras disciplinas, entre psicanálise e cultura, a *Ide* tornou-se uma aventura aprofundada da psicanálise, contém em suas páginas o anseio pelo objeto psicanalítico – na ética, ao perseguir a verdade e na estética, no sentido de sua efemeridade. Anseio tão necessário neste momento de temor crescente e ameaçador de catástrofes. Para tal feito elegemos o mito da Odisseia como conceito norteador de nossa linha editorial. Conceito que unifica várias temáticas e, assim, reúne

1 Membro efetivo e analista didata da SBPSP. Editora da revista *Ide,* pós-doutora em Psicologia Clínica (USP), Doutora pelo Departamento de Psiquiatria da Unifesp Epm. Psicóloga Clínica, La Sapienza di Roma. annelisescappaticci@yahoo.it

um pensamento editorial que, de outra forma, permaneceria disperso em vários temas avulsos.

Escrita aproximadamente 650 a.C., a *Odisseia* é um dos primeiros textos da literatura ocidental. Mais ainda, é a própria criação da linguagem que mescla nuances de dialetos da Grécia arcaica. O tom mítico da narrativa confunde o elemento histórico com aquele fantástico. Os mitos são o patrimônio da humanidade dentro de cada um, acervo de relatos de viagens que sempre podem ser reinventados, imaginados. Nessa concepção felliniana do mito, a *Odisseia* aproxima-se ao Édipo, tragédia ressignificada por Freud como eixo central da psicanálise.

Como editora da *Ide*, ao enfatizar esse evento no bojo da revista, saliento o íntimo relacionamento entre as manifestações artísticas e a psicanálise. Qual tem sido, como diria Sócrates, no campo das ideias, nosso progresso, quando pensamos na arte da maiêutica?

A verbalização, método predominante de comunicação que dispomos em nosso trabalho, não é necessariamente superior, ou até mesmo mais eficiente, do que outros meios expressivos, como a música, a pintura e, até mesmo, um rabisco de uma criança. Nossa atividade acompanha Proust quando diz que um artista é compelido a recriar pela necessidade de recuperação de algo perdido, retirar das sombras alguma fina recordação intelectual.

A psicanálise pede, com frequência, recursos representativos que o analista, não sendo artista, não possui. Para mitigar essa limitação (ou se preferirmos, sua finitude), os primeiros analistas, como Freud, Melanie Klein, Wilfred Bion, Donald Winnicott, Jacques Lacan, André Green, Durval Marcondes, Virgínia Bicudo, Lígia do Amaral, entre outros, nunca tiveram pruridos em tomar emprestadas as representações de todos os campos do conhecimento, a começar pela literatura poética. Resulta, portanto, que a psicanálise não deixa de ser uma forma de expressão artística do psíquico, uma atividade autopoiética, autocriativa, ou como tenho insistido, uma autobiografia.

Esse momento inaugural da psicanálise no Brasil chega conjuntamente com outros, como no marco da Semana da Arte Moderna em 1922 e depois, na Antropofagia de 1927. A rara conjunção de um ponto de encontro poético entre a expressão literária, a musica, a pintura parece ir surgindo iluminando o horizonte e inspirando a imaginação de compositores, pintores, artistas e psicanalistas. Uma constelação que pré-anuncia outros e novos movimentos, uma esperança que ainda nos constitui.

Podemos pensar, portanto, a respeito desse evento como uma "publica-ação" muito especial, única de seus autores e dos pioneiros de nossa Sociedade disponibilizando generosamente seu testemunho autobiográfico quanto à importância que a psicanálise foi adquirindo em suas vidas, em nossas vidas, um patrimônio da humanidade. Sabemos que a psicanálise – ciência do mistério, do desconhecido, do incerto, enfim, do Inconsciente – ao enfatizar nossa vulnerabilidade, nossa condição humana de solidão e dependência (Melanie Klein) pode chamar para si ódio e repúdio, aversão à realidade psíquica. Nesse sentido, seu caminho nunca foi e jamais será fácil, pois depende muito da possibilidade de cada um de suportar sua condição de humanidade. Assim, tal efeméride e sua justa comemoração é uma oportunidade de confraternização, de união de esforços e de gratidão por termos a oportunidade única de trilharmos nossas vidas tendo ao nosso alcance uma ferramenta tão importante.

Este volume comemorativo é composto por nossos autores que disponibilizam aqui seu precioso testemunho do dia 11 de setembro de 2021: Carmen C. Mion, Dora Tognolli, Marta Forster, Ana Maria Stucchi Vannuchi, Luiz Carlos Uchôa Junqueira Filho, Gláucia Ferreira Furtado, Elias Mallet da Rocha Barros, Darcy Antonio Portolese, Leopold Nosek, João Augusto Frayze-Pereira e outros, de reconhecido valor cultural, colaboradores incansáveis da psicanálise: Élisabeth Roudinesco, Ádelia Bezerra de Meneses, Oswaldo Giacóia Junior e Ricardo Fabbrini.

Assim, contemos, como fez Freud, com o patrocínio de Goethe, de Shakespeare, dos poetas, dos filósofos, dos matemáticos, de nossos analistas, de nossos pais, façamos nosso aquilo que herdamos!

Adelheid Lucy Koch (1896-1980)

CDM-SBPSP

Abertura do simpósio SBPSP 70 anos!

História, liberdade e psicanálise
Os 70 anos da SBPSP

Marta Foster[1], *São Paulo*

Setenta anos de história é um belo número! Embora esse número seja grande o suficiente para comentar muitas coisas sobre ele, não é matemática que irei abordar. Aqui, vou escrever sobre nossa decisão de realizar um simpósio, o Simpósio 70 Anos!, para comemorar o ingresso da Sociedade Brasileira de Psicanálise de São Paulo (SBPSP) à International Psychoanalytical Association (IPA) em 1951.

Podemos pensar que a história é o mais importante, e então teríamos uma rica trajetória sobre a qual nos debruçar. Mas sob as densas camadas dessa história existe uma outra questão mais profunda: por que a história é importante?

Elisabeth Roudinesco, psicanalista e historiadora, em sua conferência "História da psicanálise", enfatizou a importância da história como aproximação ao princípio da realidade, na medida em que, ao investigar, o historiador vai construindo o fato histórico, oriundo

---

1 Psicanalista, membro efetivo, analista didata e secretária-geral da Sociedade Brasileira de Psicanálise de São Paulo (SBPSP). Organizadora do Simpósio 70 Anos! martamfoster@gmail.com

de diferentes pontos de vista e vários processos de investigação. Ela se debruça sobre os fatos que compõem o movimento psicanalítico e também sobre as características pessoais dos analistas, alegando que muitas vezes essas características pessoais trazem fatos desconfortáveis e desidealizadores. Na sua experiência, os analistas rejeitam os fatos trazidos, pois não suportam entrar em contato com as dificuldades pessoais dos grandes mestres. Segundo Roudinesco, a psicanálise francesa estaria estagnada por essa razão, acrescida da oposição a uma abertura e flexibilização necessárias. O futuro da psicanálise, conclui, está no México, na Argentina e no Brasil, em função da fertilidade trazida por diferentes modos de trabalhar psicanaliticamente as diferentes teorias que se fertilizam mutuamente, e as aplicações da psicanálise tão necessárias numa sociedade tão desigual como a nossa.

Nesse clima de trocas francas de opiniões e conhecimento, que despertou o interesse dos participantes, acrescentamos a história da psicanálise de São Paulo, trazida por Carmen Mion, e do Instituto Durval Marcondes, apresentado por Dora Tognolli, que mostraram que nossa Instituição representa um acúmulo de vivências, experiências, movimentos, ideologias, teorias e relações, que vão se movimentando através do tempo e criando essas substâncias que vão se transformando e criando nossa história, nossos 70 anos.

Pouco depois, diria até em seguida, fomos apresentados com brilhantismo à literatura, através de Adelia Bezerra de Meneses, que nos instiga com sua proposta de fazer convergir tudo a uma prática de interpretação. Mostra que o denominador comum entre psicanálise e literatura é a palavra, que nos confere o poder de nomear. Cita Alfredo Bosi: "O poder de nomear significava para os antigos hebreus dar às coisas a sua verdadeira natureza, ou reconhecê-la. Esse poder é o fundamento da linguagem, e, por extensão, o fundamento da poesia" (1977, p. 114). Para Adelia, a leitura do humano, a leitura do social, desvela a natureza humana, seja na individualidade incontornável da pessoa, seja nas grandes configurações da história e da cultura.

Na sequência, Luiz Carlos Uchôa Junqueira Filho nos apresenta como a literatura nos permite vivenciar intensas e significativas experiências emocionais, ao trazer dois trechos literários que exemplificam de forma impactante a ideia de reciprocidade estética, explicando que se trata daquele *frisson* ou vertigem que acompanha a ascensão e a queda de uma experiência emocional, ou seja, os movimentos arrebatadores em direção ao infinito, em contraste com o trajeto coartado pela finitude entre libido elegíaca e libido sensual. Podemos dizer que a emoção foi o denominador comum presente naquele momento.

Ao sermos apresentados ao tema *psicanálise e ciência* por Oswaldo Giacoia Junior e Elias M. da Rocha Barros, entramos em contato, como nos diz Giacoia, com o enfoque dado por Freud, especialmente em *Totem e tabu*, que nos possibilita observar passagens específicas desse texto como invariantes que conferem um denominador comum e um caráter científico à psicanálise. *A psicanálise*, enfatiza Rocha Barros, é uma ciência que tem como diferencial o fato de que, através do contato analista-analisando, é possível extrair, pela experiência emocional, o conteúdo da formação de significados apreendidos pela transferência, em Freud, e a identificação projetiva, em Klein. Com essas bases, desses autores e de outros como Winnicott, pôde-se construir um aparelho mental para contactar áreas profundas da mente e gerar a apreensão de elementos para o conhecimento e o desenvolvimento emocional.

Nas duas últimas conferências, Ricardo Fabbrini e Leopold Nosek conversam conosco sobre *psicanálise e arte*, na qual Fabbrini apresenta o conflito de imagens na contemporaneidade a partir da reflexão estética de Jean Baudrillard. Mostra que a imagem hegemônica na sociedade da simulação total é o simulacro: imagens planas, sem enigma, sem mistério, sem face oculta. A partir dessa constatação, indaga se nesse tipo de sociedade ainda é possível a produção de uma imagem-enigma, uma imagem que "force o pensamento", no sentido de Gilles Deleuze, algo que rompa o previsível e o convencional. Também analisa uma série de imagens e obras, refletindo sobre o drama da percepção e o destino da imagem na contemporaneidade, que está no centro da reflexão estética atual.

Nosek se refere aos tempos de inquietação que se abatem sobre o viver cotidiano, e nos diz: "A arte é como um farol, ela vai dar a dimensão de quem eu sou, de como estou, do que está acontecendo. Ela me permite uma reflexão que precede nas figuras que ela propõe, ela precede a organização do conceito". Nesse sentido, a observação do movimento da estética, o movimento da arte, sempre será importante. A arte é o território no qual existe a maior agilidade de apreensão do que está acontecendo no mundo, seja nas artes figurativas, seja na música. Ao falar que "a sombra do observador modifica as cores que o camaleão absorve de seu ambiente", põe em questão a objetividade que muitas vezes se busca. Diz:

> *eu queria saber em que campo eu me movimentava na psicanálise, afinal era uma ciência, uma estética, uma literatura? Comecei a pensar que nesta construção metafórica, literária e efêmera que é a participação analítica, a psicanálise seria uma arte, mas uma arte muito peculiar, porque em conjunto com o paciente teríamos um momento de iluminação, mas teríamos uma enorme frustração logo a seguir ...*

E cita o paradoxo: a psicanálise seria uma arte muito radical e muito contemporânea, uma arte e uma estética.

> *Essa densidade histórica da psicanálise, que conversa e necessita de outras áreas do saber, impacta a sociedade através dos tempos. Muitas vezes, a psicanálise é acusada de ser elitista, de atingir poucas e privilegiadas pessoas, mas, se voltarmos à matemática e observarmos os números que podem se multiplicar com os 70, e ao pensarmos que hoje somos 503 membros associados e 359 membros filiados, podemos falar em alguns milhares de atendimentos individuais, cursos e supervisões ao longo de sua história. Acreditamos que uma pessoa que passou por um processo de análise consistente tem um resultado positivo em suas relações – com a família, com grupos e com a sociedade.*

Outra verdade conhecida é a de que a psicanálise demanda liberdade para ser plenamente exercida .Regimes fechados ,ditatoriais ou autoritários perseguem ou simplesmente proíbem a prática da psicanálise .Dessa forma ,quando falamos em uma longa trajetória de crescimento e atuação impactando a sociedade ,ao contrário dos que dizem que é elitista e individualista ,nós a exercemos nos alimentando da liberdade ,num processo de se alimentar e ao mesmo tempo de propiciar a liberdade de pensamento para possibilitar uma vida plena de experiências.

Então, uma prática que se alimenta da liberdade naturalmente se alinha aos que defendem a plena liberdade de pensamento no país. Nestes tempos em que as liberdades são questionadas ,o peso de uma entidade que há 70 anos exerce a liberdade se faz sentir como nunca, e tivemos a felicidade de conhecer nossa história ,observar nossa trajetória e debater esses aspectos em alto nível ,justamente neste momento histórico em que alguns tentam obscurecer as conquistas democráticas que nosso país conquistou .Feliz coincidência .E que venham outros 70 anos ,e muitos mais ,de liberdade de pensamento, da qual a psicanálise é uma das grandes contribuintes.

Nenhuma comemoração como esta pode deixar de lado os agradecimentos :aos palestrantes ;aos participantes – foram 341 inscritos ;à equipe de colaboradores da SBPSP; à equipe de comunicação e divulgação; e, especialmente, ao dedicado trabalho dos nossos diretores das diretorias científica, de atendimento à comunidade, regional, de comunidade e cultura, que, nas suas difíceis funções de coordenadores, possibilitaram que o clima do encontro fosse de visível parceria, e que continua até este momento, quando me beneficio de suas reflexões e resumos das palestras para incluí-las nesta abertura.

Agradecimentos também à equipe do Centro de Documentação e Memória (cdm), pois nossa história, tão bem cuidada, possibilitou ser comunicada aos nossos membros com a seriedade e responsabilidade que todos devemos a ela. A digitalização e a atualização do cdm tornaram-se possíveis com a arrecadação gerada pelo Simpósio.

Iniciei a abertura do Simpósio escrevendo sobre a importância da história, e finalizo informando que estamos trabalhando para juntos cuidarmos da sempre importante história da SBPSP.

Agradeço a parceria da revista *Ide* por essa empreitada conjunta para a publicação deste evento tão significativo na história da nossa Sociedade.

Histórias

Sigmund Freud (1856-1939)
CDM-SBPSP

Simpósio 70 anos!

Ana Maria Stucchi Vannucchi[1]

Comemoramos os 70 anos da oficialização da Sociedade Brasileira de Psicanálise de São Paulo (SBPSP) pela International Psychoanalytical Association (IPA)! Festejamos nossa história e homenageamos nossos antecessores, que deixaram um legado rico e fértil que mantemos até hoje em nossa convivência científica, no respeito às diferenças, em nossa integração sempre renovada ao longo dos anos e na dedicação com que realizamos a formação dos jovens analistas, que futuramente se responsabilizarão pelo cuidado com a nossa querida SBPSP e com nossa amada psicanálise.

Estamos todos muito orgulhosos de contar, nesta primeira mesa, que versa sobre a história da psicanálise, com a presença de Elisabeth Roudinesco, a maior conhecedora da história da psicanálise na contemporaneidade, que, com sua sabedoria, nos traz elementos importantes para contextualizarmos a psicanálise brasileira e paulista.

Em seguida, temos a apresentação de Carmen C. Mion, nossa presidente, que trará um pouco da história da SBPSP, o que nos permitirá visualizar a saga e ousadia, bem como a vitalidade de

1 Diretora Científica da Sociedade Brasileira de Psicanálise de São Paulo (SBPSP). anavannucchi@gmail.com.

nossos fundadores e dos que nos antecederam no cuidado com nossa querida SBPSP.

Finalmente, teremos as palavras de Dora Tognolli, diretora do Instituto Durval Marcondes, que nos apresentará a trajetória de nossa formação analítica, desde os anos iniciais, calcada num solo de brasilidade e contato com nossa realidade.

Lembro aqui de Virgínia Bicudo, uma das nossas fundadoras junto com Ligia Amaral e Judith Andreucci. As três iniciaram formação analítica com Adelaide Koch, trazida ao Brasil a pedido de Durval Marcondes, que tinha se apaixonado por Freud em 1919, a partir das aulas de Franco da Rocha. Virgínia era uma mulher do seu tempo, foi educadora e estudou sociologia na Escola Livre de Sociologia e Política de São Paulo, onde escreveu a dissertação *Estudo de atitudes raciais de pretos e mulatos em São Paulo*. Batalhou muito para ampliar o entendimento de questões raciais combatendo o preconceito racial, que a ameaçava de rejeição (Bicudo, 2000). Depois, caminhou para a psicanálise, procurando estender os conhecimentos psicanalíticos para a esfera das relações familiares e da vida cotidiana. Foi diretora do Instituto de Psicanálise da SBPSP, onde se ocupou da formação e seleção de analistas, defendendo um modelo não médico de psicanalista, fiel a sua realidade original. Passou um período em Londres, onde conviveu com Klein e Bion na Sociedade Britânica, e retomou sua análise com Frank Philips. Em 1954, abriu espaço para a psicanálise no Departamento de Psicologia da Faculdade de Filosofia, Ciências e Letras da Universidade de São Paulo (USP). Em 1970, foi cofundadora da Sociedade de Psicanálise de Brasília (spb), representando um importante "vetor da interiorização e difusão da psicanálise no Brasil" (Frausino, 2020, p. 233).

Lembro aqui as palavras de Vírginia Bicudo no artigo "Memória e fatos", publicado em 1989, na *Ide:*

> *Tendo em vista continuar a desenvolver a tese de que na história de vida encontram-se o interesse e a resistência à psicanálise, considero oportuno mencionar, em linhas gerais, como fui para a análise. Movida por sofrimento e curiosidade... encontrei um artigo sobre sublimação, segundo Freud. Foi para mim uma revelação saber que as causas de meu sofrimento estavam no meu mundo interno, e não no exterior. (Bicudo, 1989)*

Trago para vocês Wislawa Szymborska, escritora e poeta polonesa, aproximando os 70 anos da SBPSP, aos setenta batimentos de nossos corações:

> *Te agradeço, coração meu*
>
> *Por não se queixar, por se afanar*
>
> *Sem elogios, sem recompensa*
>
> *Num desvelo inato*
>
> *Você tem setenta méritos por minuto*
>
> *Cada contração tua*
>
> *É como o lançar de uma canoa*
>
> *No mar aberto*
>
> *Numa viagem ao redor do mundo (2020, p. 86)*

Referências

Bicudo, V. L. (1945). *Estudo de atitudes raciais de pretos e mulatos em São Paulo* [Dissertação de mestrado]. Escola Livre de Sociologia e Política de São Paulo.

Bicudo, V. L. (1989). Memória e fatos. *Ide*, 18(2),94-97.

Bicudo, V. L. (2000, 6 de outubro). Fui buscar defesas para o íntimo [Entrevista com Anna Veronica Mautner]. *Folha de S. Paulo*, Ilustrada, E4.

Frausino, C. C. M. F. (2020). Um olhar sobre Virgínia Leone Bicudo. *Revista Brasileira de Psicanálise*, 54(3), 227-236.

Szymborska, W. (2020). *Para o meu coração num domingo* (R. Przybycien & G. Borowski, Trads.). Companhia das Letras.

A história da psicanálise

Élisabeth Roudinesco,[1] *Paris*

Verdade subjetiva, verdade histórica

É uma grande honra ter sido convidada para me expressar nessa conferência inaugural celebrando o 70.º aniversário da entrada da Sociedade Brasileira de Psicanálise de São Paulo na IPA, em 1951. Esta sociedade tem um passado prestigioso, é a primeira fundada no continente latino-americano pelo psiquiatra Francisco da Rocha, com Durval Marcondes, em 1927. Recomendo *História da psicanálise: São Paulo* (1920-1969), de Carmen Lucia Montecchi Valladares de Oliveira, autora de uma tese sob a minha direção e cujo prefácio eu escrevi. Atualmente ela é professora, com alunos sob sua direção.

Francisco da Rocha, certamente pensando no célebre discurso de Victor Hugo de 21 de agosto de 1849 sobre o futuro da Europa, já havia dito "virá o dia em que a psicanálise será reconhecidamente

---

1 Psicanalista e historiadora da psicanálise, colaboradora do Le Monde des Livres e autora de 25 obras traduzidas para 20 idiomas. Seu livro *Sigmund Freud na sua época e em nosso tempo* (Seuil, 2014; Zahar, 2016), recebeu o Prix Décembre. elisabeth.roudinesco@wanadoo.fr

fundamentada, aceita por todos, e até mesmo seus oponentes confessarão que a tinham acatado." Para melhor criticá-la, eu acrescentaria: sabemos que quanto mais uma doutrina é aceita pela opinião pública, mais ela suscita a rejeição.

Além disso, vocês sabem que eu considero, já há muito tempo, o continente latino-americano – e hoje ainda mais o Brasil – um dos epicentros de inovação da psicanálise, de sua transmissão e da resistência a todas as adversidades; muito mais rico nessa área do que os países europeus, melancólicos e fatigados. Conhecemos a razão: isso se deve em grande parte à capacidade de que dispõe o mundo latino-americano de ser multiculturalista e de ter absorvido, com júbilo e ecletismo, todas as correntes provenientes do freudismo – freudismo clássico, kleinismo, lacanismo – e de ter feito delas uma síntese original e, ao final, antidogmática.

É também por conta de sua capacidade em ter sido capaz de pensar sua história: seus períodos de glória como seus momentos sinistros (as ditaduras, por exemplo) e não sinto qualquer constrangimento ao dizer que meus mais brilhantes alunos são brasileiros, argentinos, mexicanos. Também foi no Brasil que veio à luz a primeira publicação da biografia de Freud por um latino-americano (argentino), Emilio Rodrigué, grande conhecedor da historiografia psicanalítica, área até então exclusivamente reservada há décadas aos historiadores de língua inglesa (ingleses ou americanos): acrescento, aliás, que a maior parte dos historiadores alemães escrevem seus livros geralmente em inglês. Em outras palavras, é no mundo anglófono que se desenvolveram todos os trabalhos de história. De tanto debater essencialmente sobre questões historiográficas no mundo anglófono, posso afirmá-lo com maior convicção, e isso faz com que me sinta um pouco isolada na França.

Já que fui convidada a falar essencialmente sobre questões históricas ou historiográficas, começo por evocar meus primeiros passos como historiadora durante os anos 1980. Muitas vezes me vi confrontada a um problema banal para os historiadores, mas ainda novo no meio psicanalítico. Com efeito, não havia relação alguma entre a verdade, no sentido histórico, aquela que eu devia construir, sendo eu mesma a primeira a abordar esta área na França e a verdade dita "subjetiva" ou fantasmática dos psicanalistas com os quais tinha de lidar, aqueles que eu interrogava e que não tinham consciência de estarem tomando seus fantasmas por realidade. Devo dizer que isso ainda é verdadeiro hoje em dia, em um momento em que os trabalhos históricos sobre Freud e a psicanálise se desenvolveram consideravelmente – fora do meio psicanalítico – ao ponto de ser possível afirmar que as brigas entre historiadores vieram sobrepor-se com a mesma violência às disputas entre psicanalistas. Mas é bem verdade que nossa época é propícia a uma grande confusão entre o relato vivido, a emoção e o estabelecimento dos fatos. Vivemos o tempo do "si-próprio como um rei", um tempo em que o sujeito se afirma como o principal detentor de todas as verdades históricas e a autoficção contém vários rastros deste processo.

Há uma resistência dos psicanalistas em admitir sua história e pude constatá-lo tanto escrevendo a história da psicanálise para a França como redigindo, em seguida, a história do pensamento e da vida de Lacan. Freud disse um dia que se surpreendia pelo fato de que os analistas não se vissem transformados em seus hábitos e costumes pela própria prática da psicanálise. Tal julgamento pode aplicar-se aos analistas quando eles se veem diante da história. Eles têm tendência ainda mais do que outras comunidades a mantê-la ocultada, censurada, a recalcá-la. Mas não só, não é raro que simplesmente nem queiram saber. Este "não saber", eles o teorizam dizendo que a história da psicanálise é impossível de ser escrita. Ainda recentemente, uma psicanalista francesa de fato afirmou que era impossível escrever a história da psicanálise.

Quantas vezes não tive de ouvi-lo! Ao passo que essa mesma história já tinha sido escrita... A resistência à história é o próprio sintoma da resistência dos psicanalistas à psicanálise, desta resistência inconsciente dos psicanalistas à verdade histórica. Ela vem em parte do fato de que os psicanalistas têm a impressão de que o único lugar de enunciação possível da história é a terapia, protegida pelo segredo. Daí a ideia de que a história da psicanálise não pode ser contada por pertencer ao âmbito do segredo profissional, como se estivéssemos diante de uma terapia.

É em parte por causa desta recusa da história e da resistência que os psicanalistas opõem à sua própria história que nos encontramos nesta situação, uma situação muito delicada, uma situação em que a psicanálise é objeto de múltiplas contestações e onde, ao mesmo tempo, são agora os historiadores profissionais e não mais os psicanalistas ou analisandos que passaram a escrever a história da psicanálise.

Nascimento da historiografia psicanalítica

É após a Segunda Guerra Mundial que nasce a historiografia psicanalítica sob o impulso de Ernest Jones, primeiro grande biógrafo de Freud. Sua obra magna em três volumes publicada de 1953 a 1957, baseada em arquivos inéditos pacientemente coletados por ele, por Siefried Bernfeld e Kurt Eissler, permite começar a retraçar a história do freudismo.

Com efeito, é através de Jones que a diáspora freudiana pode, daí em diante, representar-se a si própria sua origem e seu movimento, sob a forma, não de uma hagiografia (como é frequentemente dito), mas de uma história oficial. O modelo de Jones não era inspirado por uma visão piedosa da história. Jones era pragmático, racionalista, positivista. Nem por isso deixou de privilegiar a ideia de que Freud tinha conseguido, pela pujança de seu gênio solitário e ao preço de um heroísmo intransigente, desgarrar-se das falsas ciências de sua época para desvelar ao mundo a existência do inconsciente.

O verdadeiro problema desta biografia é que ela fora redigida por um homem que tinha sido líder de um movimento político e adversário da maior parte dos atores cuja saga ele relatara. E embora fornecesse de Freud um retrato convincente, não era absolutamente objetivo quando se tratava de seus discípulos. Não somente ele demonstrava uma injustiça flagrante diante de Otto Rank, Sandor Ferenczi ou Wilhem Reich, como também não situava corretamente a real importância de Wilhem Fliess e de suas teorias na história das origens imediatas do freudismo. Sem contar que como bom estrategista político, ele dissimulava os eventos suscetíveis, aos seus olhos, de macular a imagem do movimento psicanalítico: os suicídios, os devaneios, as loucuras, as transgressões.

Durante dez anos, de 1960 a 1970, a historiografia freudiana se manteve como um reduto do legitimismo psicanalítico, em razão, particularmente, da política operada por Kurt Eissler, responsável pelos arquivos depositados na Library of Congress de Washington. Nascido em Viena e instalado em Nova York, Eissler não tinha o mesmo olhar que Jones sobre Freud, além de não ser da mesma geração. Ele nao tinha conhecido Freud. Ambos eram psicanalistas, ambos eram membros da IPA mas era como se houvesse uma divisão entre Nova York e Londres, dos trabalhos de história no seio do mundo anglófono. Aos ingleses era reservado o encargo de realizar a biografia e a tradução da obra (com James Strachey), enquanto aos americanos incumbia o trabalho de memória.

Em 1972, com sua obra *A morte na vida de Freud*, Max Schur, vienense de origem (médico de Freud) naturalizado americano, corrigiu a versão de Jones, atribuindo ao mestre uma imagem mais "vienense", fazendo com que ele passasse a emergir sob o aspecto de um sábio ambivalente, angustiado pela morte e hesitante entre o erro e a verdade e não mais simplesmente como um erudito inglês, exclusivamente darwiniano.

A partir de 1970, a língua inglesa passou a dominar completamente os trabalhos historiográficos. Sucederam-se ao modelo de Jones, de um lado, uma abordagem dissidente, de outro, uma visão erudita. Inaugurada em 1962 por Ola Andersson, psicanalista sueco que costumava escrever em inglês, a historiografia erudita floresce em 1970 com o trabalho inovador de Henri F. Ellenberger, originário da Rodésia, criminólogo, psiquiatra, antropólogo, oriundo de uma família de missionários suíços protestantes. Ele falava as três línguas necessárias: alemão, francês, inglês e se tornará canadense, sem nunca integrar a IPA.

Sua *História da descoberta do inconsciente* foi, de fato, a primeira a introduzir o tempo longo na aventura freudiana e a mergulhar a psicanálise na história da psiquiatria dinâmica. Freud aparecia então renovado sob os traços de um erudito faustiano, dividido entre a dúvida e a certeza, entre a razão e o vaguear, entre a aspiração ao progresso e a atração pelo ocultismo. Ellenberger fará escola e dará à luz, sem tê-lo desejado, a uma historiografia revisionista.

Em paralelo, os trabalhos dos historiadores americanos (ou ingleses) sobre "Viena no final do século" (Carl Schorske, William Johnston, etc.) transformaram a percepção que se tinha das circunstâncias sociais e políticas que tinham envolvido a descoberta freudiana.

Quanto à historiografia dissidente, ela apareceu em 1971 com a publicação de Paul Roazen (1936-2005) da *Saga Freudiana*. Nascido em 1936, o autor, que não era psicanalista, se distanciava da história oficial para tornar-se o cronista da memória oral do movimento. Com a ajuda dos testemunhos dos sobreviventes, ele construiu uma prosopografia do meio psicanalítico: redes de poder, filiações, etc. Ele é sobretudo o primeiro a dar seu devido espaço aos discípulos, cujo destino a história oficial tinha ocultado ou deformado: Hermine Von Hug-Hellmuth, Viktor Tausk, Ruth Mack-Brunschwick.

A partir de 1975-1980, as condições estavam reunidas na França, Alemanha, Estados-Unidos e Inglaterra, para a eclosão de uma verdadeira história do freudismo. Em cada país, os arquivos foram reunidos por pesquisadores, pertencentes ou não à Associação Psicanalítica Internacional (IPA), possibilitando a elaboração de obras narrativas tratando da história erudita e tocando em todos os aspectos do freudismo: origens, movimento, atores, redes, conceitos, ideias, biografias etc.

Ora, a política de retenção dos arquivos da Library of Congress (LoC), levada à frente por Eissler, com o acordo de Anna Freud, se revelará catastrófica, como o ressalta o historiador Peter Gay, novo biógrafo de Freud (1988), historiador de origem alemã (cujo nome verdadeiro era Peter Joachim Frölich, 1923-2015), especialista da época vitoriana, cujos pais tinham fugido do nazismo. Eu o conheci muito bem e estive em contato com ele até sua morte. "Sua inclinação pelo segredo, essa opção à qual ele permanecia tão apegado só poderia encorajar a proliferação dos rumores mais extravagantes sobre um homem (Freud) cuja reputação ele se propunha proteger."

É essa política de preservação da imagem do pai fundador que contribuiu, paradoxalmente, ao desabrochar, a partir de 1980, de uma historiografia revisionista, em seguida antifreudiana, no mesmo momento em que o movimento psicanalítico era alvo, no mundo inteiro, dos ataques de um novo organicismo apoiado na farmacologia.

Ao invés de abrir os arquivos a historiadores profissionais, Eissler e Anna Freud decidiram confiar a Jeffrey Moussaïeff Masson, aluno brilhante, devidamente analisado no círculo íntimo de adeptos, o estabelecimento da correspondência de Wilhem Fliess e de Freud. Ora, no decurso de suas pesquisas, o feliz eleito se tornará um contestatário radical da própria doutrina freudiana. Enlevado pela ânsia de tornar-se profeta de um freudismo "revisado" ele pôs-se a crer que a América teria sido pervertida por uma mentira freudiana original: Não ousando revelar ao mundo as atrocidades cometidas pelos adultos sobre crianças inocentes (estupros, abusos, incestos forçados etc.), Freud teria inventado a teoria do fantasma e seria, portanto, um falsário.

Muito do sucesso da corrente revisionista nesta época se deve ao fato dela ser contemporânea de um vasto questionamento (que é ainda mais virulento hoje em dia) na universidade americana, da civilização dita "ocidental". Tal questionamento visava "reabilitar" suas vítimas. Neste sentido, a escola revisionista, com clara orientação puritana, assimilava o freudismo a uma opressão: colonização abusiva das crianças pelos adultos, dominação das mulheres pelos homens, etc.

Assistiremos em seguida ao retorno da tradição biográfica e, em seguida, à explosão de diferentes correntes interpretativas, dentre as quais, algumas extremamente inovadoras, mas também, das mais radicalmente antifreudianas. Daí a importante produção de trabalhos históricos no final do século XX e início do século XXI. A partir de 2011, os arquivos da LoC se tornaram acessíveis a todos os pesquisadores e desde 2015 estão sendo digitalizados.

Escrever uma biografia de Freud

É neste contexto, 25 anos após a publicação do livro de Peter Gray, que decidi dedicar uma biografia a Freud. Até então não existia nenhuma escrita por um historiador francês. A aventura me parecia tanto mais tentadora por me encontrar em uma posição radicalmente diferente daquela que eu tinha ocupado redigindo a biografia de Lacan. Eu não seria a primeira a reunir ao mesmo tempo arquivos e testemunhos, mas, pelo contrário, trilharia a senda já percorrida por todos os biógrafos de Freud. Embora tenha começado pelos arquivos de Freud na LoC, eu não podia esperar por novas revelações. Este era, portanto, para mim, mais um trabalho de historiografia do que o de historiador de primeira mão. No entanto, era necessário inventar uma nova forma de olhar para Freud, diferente da visão dos biógrafos anteriores et eu fui encorajada pelo grande historiador Jaques Le Goff, autor de uma biografia magistral sobre Saint Louis, Louis IX, rei da França (1214-1270), um dos maiores soberanos da cristandade, entre seu avô, Philippe Auguste e seu neto Philippe Le Bel, após Frédéric II (1194-1250), imperador do Santo-Império romano.

Minha intervenção se dava, portanto, em um momento em que o olhar sobre Freud já estava, de certa forma, "saturado". Cada escola psicanalítica possuía seu Freud – freudianos, post-freudianos, kleinianos, lacanianos, culturalistas, independentes – e cada país tinha criado – poderia se dizer até mesmo inventado – o seu. Cada momento da vida de Freud já havia sido comentado em dezenas de ocasiões e cada linha de sua obra interpretada de múltiplas maneiras em torno do tema de um "Freud acompanhado": Freud e o Judaísmo, Freud e a religião, Freud e as mulheres, Freud clínico, Freud em família com seus charutos, Freud e os neurônios, Freud e os cachorros, Freud e os maçons, etc. Porém o inverso também era verdadeiro, Freud tendo sido interpretado de forma negativa por inúmeros adeptos de um antifreudismo radical (ou Freud *bashing*): Freud voraz, Freud dirigindo um goulag clínico, Freud demoníaco, incestuoso, mentiroso, falsário, fascista. Podemos assistir na Netflix a uma delirante série policial de oito episódios sobre Freud, no melhor estilo gótico, realizada em 2020 por um diretor austríaco. Vemos ali um Freud falando alemão, mergulhado em uma Viena expressionista e habitada por personagens diretamente saídos de um manual psiquiátrico à Richard von Krafft-Ebing.

Freud já estava presente em todas as formas de expressão e de relatos: caricaturas, quadrinhos, livros de arte, retratos, desenhos, fotografias, romances clássicos, pornográficos ou policiais, filmes de ficção, documentários, séries de televisão. Tudo isso mostra, por sinal, o quanto Freud se tornou uma das grandes figuras do pensamento universal.

Após décadas atraindo tanto o ódio como trabalhos eruditos, interpretações inovadoras e declarações abusivas, após múltiplas referências aos textos de sua pluma que haviam pontuado a segunda metade do século XX, parecia, uma vez mais, difícil saber quem era realmente Freud, tal o excesso de comentários, de fantasmas, de legendas e de rumores que viera recobrir a originalidade do pensamento paradoxal deste pensador, no seu tempo e no nosso.

É a razão pela qual, tendo eu mesma frequentado durante muito tempo os textos e os lugares da memória freudiana, no contexto de meu professorado ou por ocasião das minhas viagens e pesquisas, me dei por missão de expor de maneira crítica a vida de Freud, a gênese de seus escritos, a revolução simbólica da qual foi o iniciador no despertar da *Belle-Époque*, os tormentos pessimistas dos anos 1920, não sem razão conhecidos como *années folles*[2] e os momentos dolorosos da destruição de suas construções pelos regimes ditatoriais. A abertura dos arquivos e o acesso a um conjunto

---

2 *Années folles:* referem-se à década de 1920 na França, que os historiadores chamam os Anos Loucos, que se sucedem à Primeira Guerra Mundial e ao primeiro surto da gripe espanhola. Não faltam pois, razões para celebrar a vida, após uma década de tanto sofrimento. Foi criado para descrever as ricas colaborações sociais, artísticas e culturais do período. O mesmo período também pe conhecido como Roaring Twenties ou Jazz Age nos Estados Unidos.

de documentos ainda não explorados me oferecia a possibilidade de construir tal abordagem e minha iniciativa se via facilitada pelo fato de nenhum historiador francês ter-se ainda aventurado neste terreno dominado, há décadas, por pesquisas anglófonas de qualidade considerável.

Assim, encontraremos nesse livro dividido em quatro partes, traduzido em 15 línguas e que penetrou toda a historiografia de língua anglo-americana – esse era, por sinal, um de meus objetivos – o relato da existência de um homem ambicioso, provindo de uma longa linhagem de comerciantes judeus oriunda da Galícia oriental que se deu o luxo de ser, durante todo esse período conturbado – a desintegração dos Impérios Centrais, a Grande Guerra, a crise econômica, o triunfo do nazismo – ao mesmo tempo, um conservador esclarecido procurando libertar o sexo para melhor controlá-lo, um decodificador de enigmas, um observador atento da espécie animal, um amigo das mulheres, um estoico, adepto das antiguidades, um "desilusionista" do imaginário, um herdeiro do romantismo alemão, um dinamitador de certezas da consciência, mas também, e talvez, acima de tudo, um judeu vienense desconstruindo o judaísmo e as identidades comunitárias, ligado tanto à tradição dos trágicos gregos (Édipo) quanto à herança do teatro de Shakespeare (Hamlet).

Ao mesmo tempo que se interessava pela ciência mais rigorosa de seu tempo – a fisiologia –, consumiu cocaína para curar sua neurastenia e pensou descobrir, em 1884, suas virtudes digestivas. Aventurou-se no mundo do irracional e no mundo do sonho, identificando-se ao combate de Fausto e de Mefisto, de Jacob e do Anjo e fundou em seguida um cenáculo inspirado pela República de Platão, arrastando com ele discípulos habitados pela ideia de uma revolução das consciências.

Pretendendo aplicar suas inovações a todos as áreas do saber, ele se equivocou sobre as inovações literárias de seus contemporâneos que, não obstante, se inspiravam de seus modelos, desconheceu a arte e a literatura de seu tempo, adotou posições políticas e ideológicas assaz conservadoras, mas, ainda assim, impôs à subjetividade moderna uma assombrosa mitologia das origens cuja pujança parece tanto mais vigorosa quanto se deseja erradicá-la. Ao lado da história do "homem ilustre", abordei, em contraponto, a de certos pacientes que levaram uma "vida paralela" sem relação com aquilo que foi relatado de seus "casos". Outros reconstruíram suas curas como uma ficção, outros, enfim, mais anônimos, tinham deixado de ser invisíveis graças à abertura dos arquivos. Encontrei muitos deles pelo caminho.

Freud sempre pensou que aquilo que ele descobria no inconsciente de seus pacientes antecipava o que lhes ocorreria na realidade. Escolhi inverter esta proposta e mostrar que o que Freud descobriu, era, de fato, nada mais do que o fruto de uma sociedade, de um ambiente familiar e de uma situação política cujo significado ele interpretava magistralmente para fazer dele uma produção do inconsciente.

Eis aí o homem e a obra imersos no tempo da história, na longa extensão de uma narração onde se entremeiam pequenos e grandes eventos, vida privada e vida pública, loucura, amor e amizades, diálogos sem fim, esgotamento e melancolia, tragédias da morte e da guerra, exílio, enfim, para um reino de futuro sempre incerto, sempre a ser reinventado.

Expus a vocês os trabalhos de história que me parecem importantes de serem conhecidos, particularmente pelas novas gerações de psicanalistas do mundo inteiro que não podem mais ignorar sua história e muito menos a do fundador da doutrina. Pois, como já o afirmei, nenhuma comunidade humana pode sobreviver sem conhecer sua história, alheia a uma história memorial.

Virgínia Leone Bicudo (1910-2003)

CDM-SBPSP

História da SBPSP

Carmen C. Mion[1]

A Sociedade Brasileira de Psicanálise de São Paulo (SBPSP) é o motivo e a inspiração para este Simpósio em que pretendemos homenageá-la, já que em 9 de agosto de 2021 comemoramos os 70 anos desde que, em Amsterdã, onde a International Psychoanalytical Association (IPA) realizava seu XVII Congresso Internacional no ano de 1951, Adelheid Koch e sua analisanda, Lygia Alcântara do Amaral, ouviram o reconhecimento oficial da SBPSP como federada da IPA, fundada por Freud em 1910, em Nuremberg (Moretzsohn, 2014).

Ao nos dispormos a falar sobre história, seja de uma pessoa, de um país ou de uma instituição, mesmo que não explicitado, se faz necessário um vértice, um recorte, a partir do qual os inúmeros elementos constituintes da história, os acontecimentos e suas interpretações serão abordados. Falar um pouco sobre nossa história, a história da SBPSP, hoje, aqui, trata-se na verdade de uma proposição muito audaciosa, não só pelo pouco tempo de que disponho, como

---

1 Presidente da Sociedade Brasileira de Psicanálise de São Paulo (SBPSP). carmenmion@uol.com.br

principalmente por me atrever a falar sobre história após Elisabeth Roudinesco!

Para tanto, decidi me inspirar na própria Elisabeth, quando nos apresentou seu precioso *Dicionário amoroso da psicanálise* (Roudinesco, 2017/2019). Para falar da nossa história, vou me utilizar aqui de um recorte amoroso.

Nossa história inicia-se como uma bonita e comovente história de amor de Durval Marcondes com a psicanálise, uma história de paixão e de encantamento. Como toda história de paixão, ela é também uma história de adversidades e de lutas, como não poderia deixar de ser, desde Freud, quando se trata de tentar inserir a psicanálise na área acadêmica, seja em psiquiatria ou em neurologia. No nosso caso, Durval Marcondes lutou bravamente para inseri-la na Faculdade de Medicina e depois na recém-fundada Universidade de São Paulo (USP) – se hoje ainda há forte resistência à psicanálise nessas áreas, durante os anos de 1920 a 1950, os anos da implantação da psicanálise em São Paulo e no Brasil, foi praticamente impossível vencer qualquer das muitas batalhas.

Voltando à cerimônia em Amsterdã, ela foi a realização de um sonho há muitos anos sonhado por Durval Marcondes que, ainda como um estudante de medicina, na Faculdade de Medicina da Universidade de São Paulo (fmusp), nos idos de 1919, ficara irremediavelmente fascinado pelas ideias de Sigmund Freud, apresentadas em aula inaugural daquela Faculdade pelo professor Francisco Franco da Rocha, professor catedrático da psiquiatria, um estudioso das ideias de Freud e um dos fundadores do Hospital Psiquiátrico do Juqueri em 1898. A aula foi posteriormente publicada em artigo no jornal *O Estado de S. Paulo*, sob o título "Do delírio em geral", no qual Franco da Rocha fazia uma aproximação clínico-teórica do conteúdo dos sonhos ao dos delírios.

Durval ficou tão entusiasmado que, logo após sua formatura em 1924, tornou-se assinante do *International Journal of Psychoanalysis*, que, na época, publicava os novos textos de Freud. Durval era também um apaixonado por poesia e literatura. Em 1926, ele junta suas duas paixões ao prestar um concurso para a cadeira de Literatura no Ginásio do Estado, apresentando a tese *O simbolismo estético na literatura: ensaio de uma orientação para a crítica literária baseada nos conhecimentos fornecidos pela psicanálise*. Publicou-a em um pequeno volume, com prefácio de Franco da Rocha, e enviou um exemplar a Freud, que lhe respondeu:

> *Infelizmente, não entendo sua língua, mas graças aos meus conhecimentos do espanhol foi possível supor … que a sua intenção é empregar os conhecimentos adquiridos pela psicanálise na literatura, e despertar o interesse dos jovens de seu país pela nossa jovem ciência. Agradeço-lhe sinceramente pelo seu esforço esperando que tenha sucesso. (citado por Sagawa, 2002, p. 22)*

Durval fica muito surpreso e estimulado ao receber essa resposta, como declarou posteriormente:

> *Eu não esperava que Freud fosse ler esse meu modesto trabalho. Minha intenção era apenas dar a Freud … a noção de que, num lugar tão distante da civilização europeia, cheio de índios e serpentes, havia alguém que se interessava pela "nossa jovem ciência". … Tive uma grande e agradável surpresa … e um impacto ainda maior com as palavras de estímulo que … tiveram um efeito decisivo na minha disposição de me dedicar à psicanálise. (citado por Sagawa, 1994, p. 15)*

De fato, alguns anos depois, em 1927, Durval já havia conseguido reunir em torno de si outros interessados nas ideias da psicanálise, nomes bastante expressivos da cultura da época, além de Franco da Rocha, como os médicos Osório César, Raul Briquet, Pedro de Alcântara Marcondes Machado, os escritores modernistas Menotti Del Picchia, Cândido Mota Filho e o educador Lourenço Filho. Com esse grupo funda então a Sociedade Brasileira de Psicanálise, a primeira da América Latina, presidida por Franco da Rocha. Segundo consta em ata, a recém-fundada Sociedade tem como objetivos "ser um centro coordenador dos estudos … e um foco de divulgação das ideias de Freud" (citado por Moretzsohn, 2014, p. 252).

Durante alguns anos, essa Sociedade, embrião da SBPSP, promoverá frequentes conferências sobre psicanálise, bastante noticiadas pelos jornais da época e sempre assistidas por uma refinada plateia.

Embora essenciais para a compreensão da sua história, farei aqui apenas uma breve menção aos acontecimentos contemporâneos ao nascimento da psicanálise em São Paulo. E acrescento um parêntese: para quem se interessar sobre o tema, por um estudo aprofundado sobre a história da SBPSP, buscando uma abordagem mais ampla dos vértices que citarei a seguir, recomendo os livros *História da psicanálise: São Paulo*, de Carmen Lucia Montechi Valladares de Oliveira, e *Álbum de família: imagens, fontes e ideias da psicanálise em São Paulo* (1994), assim como os diversos documentos que fazem parte do acervo do Centro de Documentação e Memória Maria Angela Moretzsohn (cdm).

O Brasil, naquele momento histórico, era um país em que a escravidão havia sido abolida havia apenas 31 anos, e em que a República se instalara apenas 30 anos antes, emergindo de uma economia puramente rural para uma industrialização ainda recente. Um país que se transformava econômica e politicamente, em seus hábitos cotidianos, em suas mentalidades. A psicanálise fará parte dessa transformação. Sevcenko (citado por Oliveira, 2005), através de uma pesquisa sobre a imprensa da época, pôde demonstrar como a temática freudiana mobilizava intensamente a opinião pública. Ele relata que o sucesso das ideias de Freud naquele momento deveu-se muito mais ao seu impacto como sistema filosófico e explicativo do social do que como uma jovem ciência de cura. Embora a psicologia como formação universitária só viesse a ser introduzida em 1958, a psicologia geral já era ensinada na Escola Normal.

Estávamos na década de 1920, com o fim da Primeira Guerra Mundial e da Gripe Espanhola que dizimara milhões de pessoas na década anterior; o início do que seria a Revolução Industrial, com as primeiras greves de operários, e as imigrações; o domínio político da aristocracia do café, conservadora, tradicional, porém ávida de cultura e da atraente ideia da modernidade que se anunciava. Concomitantemente, há o surgimento de uma maior consciência social e do movimento feminista, com uma revisão do papel da mãe e da mulher, incluindo a luta pelo voto feminino em uma cultura predominantemente machista; na área da saúde, estavam em voga as políticas higienistas. Todos esses movimentos, acredito, foram resultantes ou derivados do importante processo de urbanização acelerada sofrido pela cidade de São Paulo. A população originada do êxodo rural ou da imigração instalava-se como podia em barracos precários, cortiços, que precederam as favelas. Nesse mesmo período, há a publicação do livro *Retratos do Brasil: ensaio sobre a tristeza brasileira*, de Paulo Prado, que definia os elementos de luxúria, tristeza e paixão como expressões das raças que compunham nosso país: o índio, o negro e o português.

O vendaval modernista chegara a São Paulo e os jovens organizadores da efervescente Semana de 22, como Mário de Andrade e Oswald de Andrade, serão os grandes interessados na novidade da psicanálise, anunciada no artigo de Franco da Rocha. Eles se interessavam principalmente pelas leituras de *Totem e tabu* (1912-1913), *A interpretação dos sonhos* (1900) e *Três ensaios sobre a teoria da sexualidade* (1905). O também jovem Durval Marcondes, em sua inquietação intelectual e paixão pela poesia e literatura, era próximo ao grupo modernista, e chega a publicar na revista *Klaxon*, porta-voz do movimento, o poema "Sinfonia em branco e preto".

No plano das artes plásticas, tivemos a exposição dos quadros cubistas e expressionistas de Anita Malfatti em 1917, e na literatura, o nascimento do movimento modernista de 1922, com *Paulicéia desvairada*, publicado nessa data por Mário de Andrade, e depois *Macunaíma*, inaugurando o movimento antropofágico, em 1928. Assim como Oswald de Andrade, outros modernistas apropriaram-se das ideias de Freud em suas obras literárias, sem nenhuma preocupação com a origem clínica dos conceitos ou filiações teóricas; os conceitos eram mais vividos como uma espécie de celebração, uma grande festa, um banquete totêmico. Como ressalta Oliveira (2005), para os modernistas, a loucura era uma transposição poética da linguagem e do espírito, a manifestação de uma nova sensibilidade e uma forma libertadora da sexualidade. Um bom exemplo desse clima poderia ser *Salomé*, de Menotti Del Picchia, escrita entre 1931 e 1939.

Tomando por base a análise de Roudinesco sobre a adesão do surrealismo à psicanálise na França, Oliveira (2005) acredita que um processo muito diferente dos franceses ocorreu em relação aos modernistas, que teriam antropofagicamente introjetado livremente os conceitos freudianos. Conclui o desenvolvimento do seu pensamento com a afirmação de que, em São Paulo, foi a literatura que lançou a psicanálise, e que essa leitura específica produziu no imaginário social uma percepção particular da psicanálise. Oliveira (2005) traça um interessante percurso até sua conclusão, muito bem demonstrada e convincente. Tenho apenas uma pequena observação a respeito: penso que a literatura no Brasil modernista lançou no imaginário da época a *teoria* psicanalítica ou algumas *ideias* psicanalíticas, porém não a *psicanálise*.

Feliz ou infelizmente, a psicanálise não está contida nas suas teorias, na sua metapsicologia. Ou seja, não é necessário um psicanalista para transmissão das nossas teorias, mas é necessário um psicanalista para transmissão da psicanálise, possível apenas através da experiência pessoal psicanalítica, uma profunda análise pessoal e supervisões com outro psicanalista. Histórica e epistemologicamente, a teoria psicanalítica origina-se da experiência: refere-se a um método de observação e aproximação ao psiquismo, que implica duas subjetividades, onde aquele que investiga está sendo constantemente investigado; e um corpo teórico crescente, em constante evolução, que organiza as experiências vividas na clínica ao longo do tempo, relacionando-as ao desenvolvimento emocional do homem.

Creio que essa diferença absolutamente não passou despercebida a Durval Marcondes nem aos nossos pioneiros.

Mesmo após a aceitação das ideias psicanalíticas pela sociedade e pela cultura em geral, pelas áreas da saúde mental, da filosofia e da educação, Durval persistiu incansável em sua luta para o reconhecimento científico da psicanálise no Brasil, da "nossa jovem ciência", como Freud a denominou. Já em 1928, no ano seguinte à criação da Sociedade Brasileira de Psicanálise, Durval lança a *Revista Brasileira de Psicanálise* – órgão da Sociedade Brasileira de Psicanálise com o projeto de "concorrer, quanto possa, para divulgar a teoria freudiana nos nossos meios científicos e, o que não é de somenos, defendê-la das deturpações a que infelizmente está sujeita" (Marcondes, 1928, p. 5).

Embora tivesse vida curta, durando apenas um ano, a Revista impressionou Freud a ponto de este escrever novamente a Durval:

> *Muito estimado colega,*
>
> *A chegada da nova Revista Brasileira de Psicanálise muito me alegrou. Que um fecundo futuro lhe seja reservado! O efeito que se seguiu ao seu recebimento foi que eu comprei uma pequena gramática portuguesa e um dicionário alemão-português. Quero ver se assim eu consigo ler a Revista por mim mesmo, durante minhas férias. (citado por Mion, 2022)*

A *Revista Brasileira de Psicanálise* só voltaria a circular em 1967.

Assim, em determinado momento, em torno dos anos 1930, Durval começa a perceber que a formação de um psicanalista exigia bem mais que o estudo da obra de Freud. Nesse processo, foi decisiva a leitura de uma publicação sobre o modelo de formação psicanalítica do Instituto de Psicanálise de Berlim, baseado em análise didática, supervisão de casos clínicos e cursos clínico-técnicos, enviada a ele por Max Eitingon, presidente da IPA e fundador do Instituto de Psicanálise de Berlim, por ocasião das comemorações dos 10 anos desse Instituto. Nessa publicação, Eitingon descreve o sistema de formação psicanalítica que havia sido desenvolvido e que seria o modelo de formação adotado por todas as Sociedades Psicanalíticas filiadas à IPA daí em diante. Durval decide-se por implantar uma formação aqui, empenhando-se nesse projeto de forma persistente e solitária durante mais 10 anos.

Uma história à parte são as relações entre o movimento psicanalítico paulista e a psiquiatria acadêmica, embora o primeiro texto sobre psicanálise publicado tenha sido justamente de Franco da Rocha, catedrático da psiquiatria. Durval lutou arduamente para a inclusão da psicanálise na formação universitária do médico ou pela ideia de que a USP, recém-criada, pudesse abrigar um futuro centro de formação psicanalítica, porém sem sucesso. Em 1936, ele até se candidata à vaga de professor catedrático da psiquiatria, após a saída de Franco da Rocha, concorrendo com Antônio Carlos Pacheco e Silva, contrário à psicanálise, dedicado à pesquisa sobre a localização orgânica das doenças mentais, e que acabou por substituir Franco da Rocha, vencendo o concurso. Durval segue o caminho da psicanálise e aproxima-se da Universidade através do Instituto e Serviço de Higiene Mental. Uma das consequências será que nossa Sociedade foi a primeira a admitir a análise leiga, a formação psicanalítica de não médicos. Outra, foi uma oposição da psiquiatria acadêmica à psicanálise que persistirá por muitos anos, quiçá até hoje, embora tenha diminuído muito quando Darcy de Mendonça Uchôa, um dos fundadores da Sociedade Brasileira de Psicanálise, assumiu em 1964 a cátedra da Escola Paulista de Medicina (epm), atualmente Universidade Federal de São Paulo (unifesp), abrindo um campo novo de aplicação psicanalítica no meio psiquiátrico em São Paulo.

Mais voltado à formação psicanalítica, Durval passa então a procurar pelo mundo quem se dispusesse a vir para o Brasil, para cuidar da formação daqueles que aqui se interessavam pelo assunto. De certa maneira, o momento era favorável a essa pretensão. Às vésperas da Segunda Guerra Mundial, com o violento crescimento na Europa das pressões nazistas, o Brasil aparecia no tumultuado cenário internacional como um país que ainda aceitava estrangeiros, tornando-se uma alternativa atraente para emigração. No entanto, as tendências fascistas de Getúlio Vargas e a própria Revolução Constitucionalista muito dificultaram a vinda de imigrantes, assim como a preferência que os europeus davam aos Estados Unidos e a Buenos Aires, uma cidade com características mais semelhantes às europeias na época.

Em 1934, Durval Marcondes torna-se professor de Higiene Mental no curso de Educadoras Sanitárias do Instituto de Higiene, um evento que virá a ter um papel determinante na identidade da nossa Sociedade. Esse curso oferecia às mulheres paulistas uma possibilidade de qualificação, além da formação para professoras, até então o único caminho disponível na época para uma jovem de classe média que buscasse uma profissão. Foi assim que, a partir dessa data, o sonho de Durval Marcondes passa a ser um sonho compartilhado por duas incríveis mulheres, suas alunas no curso: Virgínia Leone Bicudo, de origem proletária, negra, filha de uma imigrante italiana e de um descendente de escravos, normalista e graduada na Escola de Sociologia e Política, única mulher de sua turma; e, juntando-se a ela um pouco mais tarde, Lygia Alcântara do Amaral, descendente da aristocracia cafeeira mineira e professora primária. As duas alunas, de origens e classes sociais tão diversas, foram tomadas da mesma paixão do seu professor pela psicanálise, e os três compartilharão esse sonho que se tornará realidade graças à dedicação e ao entusiasmo desses sonhadores e realizadores.

Não conheci Durval Marcondes, porém tive a honra de fazer supervisões e muitos seminários durante minha formação, que se iniciou em 1981, com essas duas psicanalistas vibrantes que, até o fim de suas vidas, permaneceram apaixonadamente dedicadas à formação de novos analistas, provavelmente com o mesmo entusiasmo com que iniciaram essa aventura psicanalítica.

Nos últimos anos de sua longa vida, àqueles analistas que a procuravam para reanálise, D. Lygia propunha uma experiência analítica intensa, diária, porém com a duração exata de seis meses. Renováveis, porém. "Não posso me comprometer por mais tempo nessa altura da vida", dizia ela (comunicação pessoal). Ela foi responsável pelo trabalho pioneiro de análise de crianças em São Paulo e pela observação da relação mãe-bebê, a partir da abordagem proposta por Melanie Klein.

D. Virgínia, por sua vez, foi uma das fundadoras do nosso Instituto e do Núcleo Psicanalítico de Brasília, que viria a se tornar a Sociedade Brasileira de Psicanálise de Brasília. Durante muito tempo permaneceu numa espécie de ponte aérea entre as duas cidades, possibilitando a análise didática e supervisões de muitos colegas que viriam a ser os futuros analistas didatas, responsáveis pela formação de novos analistas em Brasília. Trabalhou intensamente para a difusão da psicanálise, redigindo colunas na imprensa, em programas de rádio, sempre coerente com sua experiência de origem e suas ideias sobre a importância da função social do psicanalista.

Em 1936, Durval decidiu que a primeira Sociedade Brasileira de Psicanálise havia cumprido sua finalidade de divulgar a psicanálise e estimular seu estudo (Sagawa, 1994). Paralelamente, as suas tentativas de trazer um analista didata da Europa, reconhecido pela IPA, para iniciar a análise dos futuros analistas, como René Spitz em 1932, e uma outra tentativa em 1934, não haviam frutificado. No entanto, os três pioneiros que sonhavam a criação de uma formação analítica em São Paulo passaram progressivamente a contar com outros sonhadores que, por sua vez, passaram também a trazer seus sonhos para compartilharem com o grupo. Sem dúvida, Dra. Adelheid Koch foi um destes, tornando-se tão fundamental quanto Durval, Virgínia e Lygia para a criação da nossa Sociedade.

Às vésperas da Segunda Guerra Mundial, durante o XIV Congresso da IPA em Marienbad, Ernest Jones, sabendo dos planos de emigração de Adelheid e sua família, conta a ela que Durval Marcondes procurava um analista didata para trabalhar no Brasil, com a finalidade de fundar uma Sociedade de Psicanálise. Foi assim, com o auxílio de Ernest Jones, com quem se correspondia, que Durval entrou em contato com Adelheid Koch. Frente ao violento crescimento do nazismo na Europa, essa corajosa mulher, médica, analista didata em Berlim, analisanda de Otto Fenichel, formada pela

Sociedade Psicanalítica de Berlim, e com autorização da IPA, aceita esse grande desafio de emigrar de Berlim para o Brasil, chegando em 1936, depois de uma longa viagem de navio, em companhia do seu marido e duas filhas pequenas.[2]

Sem saber sequer uma palavra em português, a Dra. Koch dedica os seus primeiros meses no Brasil ao aprendizado da língua e ao início do trabalho de adaptação das filhas ao novo país. Após um ano dedicado ao estudo do português, ela comunica a Durval estar pronta para atender pacientes. Ela estava com 40 anos e ele, 37. Consolida-se aqui a dupla de construtores da SBPSP, que nela trabalhará unida pelos próximos 43 anos. Essa dupla só será desfeita pela morte de Adelheid, seguida pela de Durval um ano depois.

Àquela altura, o grupo formado por Durval Marcondes, a professora Virgínia Leone Bicudo, os médicos Flavio Dias e Darcy de Mendonça Uchôa, o engenheiro Frank Philips, eram os potenciais candidatos à formação. No consultório cedido por Durval, Adelheid Koch inicia a análise didática de seus primeiros pacientes. O trabalho analítico incluía uma dificuldade adicional: a barreira linguística ainda existia. O português de Adelheid era precário e o alemão dos candidatos inexistente. Socorriam-se às vezes de algum inglês e iam se entendendo como era possível. Por algum tempo, ela será analista, professora e supervisora de todos eles, desdobrando-se para desempenhar, praticamente sozinha, todas essas funções.

Confiante no desenvolvimento obtido por seus pacientes, em outubro de 1943, Adelheid Koch solicita à IPA o reconhecimento

---

2 Um fato curioso: sua filha mais nova, Eleonore Koch, pintora e escultora, permaneceu no Brasil, vindo a ser a única aluna de Volpi tendo participado ativamente de quatro Bienais de São Paulo. Atualmente, Eleonore foi homenageada pela XXXIV Bienal, com a exibição de seus quadros, cedidos por colecionadores, como parte da exposição coletiva que ocorreu de 4 de setembro a 5 de dezembro de 2021 no Pavilhão da Bienal.

oficial das atividades do grupo. A resposta chega através de uma carta datada de 9 de dezembro de 1943, assinada por Ernest Jones, presidente da Instituição, que, naquele momento, reitera sua confiança nos critérios usados por Adelheid Koch ao fazer sua recomendação. O grupo recebe o nome de *Grupo Psicanalítico de São Paulo*, e seu reconhecimento foi um importante passo na direção da institucionalização da psicanálise no Brasil. Terá como presidente Durval Marcondes, Adelheid Koch na Comissão de Ensino, Frank Philips como secretário e Virgínia Leone Bicudo como tesoureira. A partir de 1945, Lygia Alcântara do Amaral e Isaías Melsohn passam a integrar esse grupo e, terminadas suas formações, passam a atender clinicamente e a exercer as várias atividades do Grupo, vindo a tornarem-se também figuras marcantes na Instituição.

Em torno de 1950, sobrecarregada pelas inúmeras tarefas que desempenhava, Adelheid Koch passou a procurar pela Europa outro psicanalista que pudesse vir ajudá-la. Encontrou essa disponibilidade em Nils Haak, analista sueco que aqui permaneceu por apenas quatro meses, não se adaptando ao país. Sua proposta, no entanto, sensibilizou um outro psicanalista, Theon Spanudis, nascido na Turquia, médico, com formação feita na Associação Psicanalítica de Viena. Poeta e conhecedor de artes plásticas, trouxe ao Brasil sua biblioteca de mil volumes, um bem precioso naqueles tempos de edições limitadas. Spanudis colaborou ativamente com Adelheid e Durval, mas alguns anos mais tarde, em 1957, se afastou definitivamente da psicanálise, entregando-se a outra atividade que muito prezava, a de colecionador e crítico de artes plásticas, área na qual teve um papel marcante na cena cultural da época, tendo sido em parte o responsável pela afirmação e pelo reconhecimento do pintor Alfredo Volpi. No entanto, sua chegada como analista didata contribuiu muito, ampliando a possibilidade de atendimento dos candidatos a formação. Muitos colegas, como Gecel Szterling, Oscar Rezende de Lima, Octavio Salles e Roberto Azevedo, iniciaram sua formação nesse período, acrescentando-se a eles, uns anos depois, Isaías Melsohn, Bernardo Blay Neto, Judith Andreucci, Luiz Galvão, Jayme Sandler, Mário Yahn, e muitos outros analistas.

Outro passo importante na direção da nossa consolidação institucional foi a formalização do Instituto da SBPSP, mais tarde Instituto Durval Marcondes, onde ele e Adelheid sempre exercerão atividades didáticas e administrativas. Ela será presidente da Sociedade por 8 anos e, durante mais de 40 anos, exercerá a clínica psicanalítica. Durval, da mesma maneira, se dedicou ao trabalho com a psicanálise, como presidente da SBPSP por 9 anos e como professor, analista, grande divulgador da psicanálise e incentivador dos jovens. Ele será sempre o vigoroso defensor dessa disciplina nas polêmicas e nos ataques a ela que surgirão nos anos vindouros.

A importância das teorias de Melanie Klein, a grande personagem depois de Freud àquela época, em Londres, já era grande para o grupo de psicanalistas paulistas, sendo que alguns deles irão buscar na Inglaterra um contato direto com ela e os kleinianos, tornando-se uma influência marcante em nossa Sociedade. Frank Philips, Virgínia Leone Bicudo, Lygia Alcântara do Amaral e a própria Adelheid Koch farão esse trajeto, onde iniciaram a formação no atendimento de crianças, no qual serão seguidos por inúmeros outros representantes das gerações posteriores.

A vinda de Bion ao Brasil, nos anos 1970, quando ofereceu inúmeras conferências, supervisões e seminários clínicos, foi outra influência impactante numa geração da Sociedade de São Paulo. Em meados dos anos 1960, já havia grupos de estudo sobre as contribuições originais de Bion, composto por Laertes Ferrão, Yutaka Kubo, Felix Gimenes, Deocleciano Bendocchi Alves, Pérsio Nogueira e Jamil Signorini, que se intensificaram com a volta de Frank Philips ao Brasil, em 1968, após longos anos em Londres, onde havia feito análise com Klein durante 5 anos e com Bion por 7 anos. Aos poucos, nomes expressivos da psicanálise francesa e mundial, como André Green, Herbert Rosenfeld, Hanna Segal, Martha Harris, Pierre Fédida, Betty Joseph, Donald Meltzer, Otto Kernberg e Neville Symington, percorrerão o caminho contrário, aqui chegando para cursos, palestras e supervisões, trazendo-nos grandes contribuições, um intercâmbio que se manteve sempre vivo até a atualidade, como a presença da querida Elisabeth Roudinesco conosco hoje.

Historicamente comprometida com a tarefa de difundir a psicanálise de forma ampla, a SBPSP tornou-se um centro irradiador desse saber no Brasil, estimulando, durante toda sua existência, a criação de novos Núcleos, de uma Diretoria Regional em São Paulo, de novos Grupos e Sociedades de Psicanálise. A SBPSP continua hoje uma instituição em constante desenvolvimento e crescimento, uma instituição forte, doadora de identidade analítica e cuja pertinência é valorizada pelos seus membros. Nunca nos dividimos, e essa é uma das nossas mais importantes marcas, pois nossa Sociedade, sobretudo pela pluralidade que a caracteriza desde seu início e que se mantém ao longo dos anos, fomenta e cria a possibilidade de compartilharmos diferentes experiências, obrigando-nos a questionar o familiar, o já compreendido, mantendo dessa forma o desenvolvimento do pensamento psicanalítico de seus membros de maneira viva e ativa.

As nossas diferenças, nossa diversidade, acrescentam complexidade e riqueza não só à nossa vida científica como também à formação que oferecemos em nosso Instituto, possibilitando trocas de experiências que favorecem o aprendizado e o desenvolvimento pessoal dos membros filiados.3 Temos um Instituto único em possibilidades de exposição do membro filiado às mais diferentes teorias

---

3 Em São Paulo, denominamos *membros filiados* ao Instituto Durval Marcondes os colegas em formação, também denominados candidatos na maioria das Sociedades Brasileiras de Psicanálise.

psicanalíticas, à livre escolha dos inúmeros cursos eletivos oferecidos pelos nossos docentes, com o consequente aprofundamento nos autores que lhe fazem mais sentido. Em nossa Diretoria do Instituto, assumimos o compromisso de promover uma formação de qualidade, séria, comprometida diante do legado que recebemos e, ao mesmo tempo, atenta às transformações históricas e culturais que não cessam. Acabamos de aprovar em Assembleia e de implementar para a nova turma de membros filiados a formação integrada de analistas de adultos, de crianças e de adolescentes.

Assim como valorizamos o pensamento clínico, que é nossa tradição e ocupa um lugar central em nossas Diretorias Científica e Regional e em nossas reuniões científicas, desenvolvemos ao longo dos anos projetos sociais, culturais e uma interlocução com diferentes áreas do saber que enriquecem o conhecimento psicanalítico, como bem o demonstra este Simpósio. Estes últimos, através da Diretoria de Cultura e Comunidade, atualmente com um projeto interessantíssimo, e da Diretoria de Atendimento à Comunidade, onde vem ocorrendo um grande desenvolvimento nos últimos 10 anos, em suas três vertentes, o Serviço de Atendimento à Comunidade, o Setor de Convênios e Parcerias e o Setor de Cursos e Jornadas abertos ao público, para que o conhecimento psicanalítico possa atingir diferentes extratos da nossa população, beneficiando a saúde mental e o desenvolvimento de pesquisas clínicas nos diferentes âmbitos e alcances possíveis. Nesses últimos semestres, tivemos uma ampliação do atendimento nas áreas mais vulneráveis da população, por conta da devastação provocada pela pandemia em São Paulo. E em nosso país, claro, onde estamos participando ativamente do Projeto Solidariedade Social (sos) Brasil juntamente com a Federação Brasileira de Psicanálise (febrapsi).

Acredito que, através das nossas diferentes Diretorias, honramos e mantemos vivas ao longo do tempo as características específicas, as marcas pessoais, de cada um dos nossos quatro fundadores: Durval Marcondes, Adelheid Koch, Lygia Amaral e Virgínia Bicudo.

Compartilho da concepção filosófica de que o ser humano, assim como suas produções, se constitui historicamente, e que sua atualidade, a forma como se apresenta, é o resultado das inúmeras experiências que o constituíram. Como produções humanas, as Instituições também se constituem ao longo do tempo, adquirindo características próprias ao longo de sua história. Porém, como assinala Foucault, não compreendo a história da sociedade e do mundo como uma linearidade, na qual vamos evoluindo progressivamente. O processo civilizatório não é progressivo e linear, tampouco o desenvolvimento das instituições, pois há rupturas, descontinuidades. Reitero a importância da história para o momento presente e para o futuro, em termos de possibilidade de pensarmos sobre as condições em que queremos viver e iremos conviver entre nós.

Penso ser fundamental sonhar a psicanálise e a própria formação, buscando-as no mais profundo do ser, da própria experiência de vida, como o fizeram nossos pioneiros. Demora-se muito a perceber que a Sociedade Brasileira de Psicanálise é a soma de todos nós que a ela pertencemos – cada um dos membros que, ao longo dos anos e até hoje, traz consigo seu sonho pessoal sobre a formação e a psicanálise, e que, ao ingressar na Instituição, verá seu sonho evoluir para realidade ao se tornar um sonho compartilhado por muitos.

Enfim, acreditamos que o debate aberto torna a relação institucional mais transparente e, portanto, mais confiável e sólida nos nossos propósitos de torná-la objeto de pensamento e que continue na liderança de um fazer psicanalítico que envolve uma atitude de interrogação, de busca e de evolução permanentes, com atenção às demandas peculiares de um mundo que parece ser cada vez mais insalubre e hostil ao que caracteriza o humano e, portanto, à psicanálise.

Muito obrigada!

Referências

Andrade, M. (2017). *Macunaíma*. Edições Câmara. (Trabalho original publicado em 1928)

Andrade, M. (2021). *Pauliceia desvairada*. Serra Azul. (Trabalho original publicado em 1922)

Del Picchia, M. (1986). *Salomé*. Ediouro. (Trabalho original publicado em 1939)

Freud, S. (2012). *Totem e tabu*. In S. Freud, *Obras completas* (P. C. Souza, Trad., Vol. 11, pp. 13-244). Companhia das Letras. (Trabalho original publicado em 1912-1913)

Freud, S. (2016). *Três ensaios sobre a teoria da sexualidade*. In S. Freud, *Obras completas* (P. C. Souza, Trad., Vol. 6, pp. 13-172). Companhia das Letras. (Trabalho original publicado em 1905)

Freud, S. (2019). *A interpretação dos sonhos*. In S. Freud, *Obras completas* (P. C. Souza, Trad., Vol. 4). Companhia das Letras. (Trabalho original publicado em 1900)

Marcondes, D. (1922). Sinfonia em branco e preto. *Klaxon*, (4), 14. https://bit.ly/3HQIozu

Marcondes, D. (1926). *O simbolismo estético na literatura: ensaio de uma orientação para a crítica literária baseada nos conhecimentos fornecidos pela psicanálise* [Tese]. Ginásio do Estado de São Paulo.

Marcondes, D. (1928). Editorial. *Revista Brasileira de Psicanálise*, *1*(1), 5.

Mion, C. C. (2022, 22 de fevereiro). SBPSP: 70 anos de história. *Blog de Psicanálise*. https://bit.ly/375rbpf

Moretzsohn, M. A. G. (2014). De Berggasse à Villa Nova: uma aventura vienense na pauliceia desvairada. *Jornal de Psicanálise*, *47*(87), 251-260.

Oliveira, C. L. M. V. (2005). *História da psicanálise: São Paulo*. Escuta.

Prado, P. (2012). *Retratos do Brasil: ensaio sobre a tristeza brasileira*. Companhia das Letras. (Trabalho original publicado em 1928)

Rocha, F. F. (1919, 20 de março). Do delírio em geral. *O Estado de S. Paulo*, 5.

Roudinesco, E. (2019). *Dicionário amoroso da psicanálise* (A. Telles, Trad.). Zahar. (Trabalho original publicado em 2017)

Sagawa, R. Y. (1994). A história da Sociedade Brasileira de Psicanálise de São Paulo. In L. Nosek (Ed.), *Álbum de família: imagens, fontes e ideias da psicanálise em São Paulo* (pp. 15-28). Casa do Psicólogo.

Sagawa, R. Y. (2002). *Durval Marcondes* (Pioneiros da Psicologia Brasileira, Vol. 11). Imago; CFP.

Lygia Alcântara Amaral (1911-2003)

CDM-SBPSP

História do instituto
O ziquezaguear dos tempos

Dora Tognolli,[1] *São Paulo*

Villa-Lobos e a Alma brasileira

Com grande prazer, junto-me a todos os colegas aqui presentes para comemorarmos os 70 anos da Sociedade Brasileira de Psicanálise de São Paulo (SBPSP). Hoje, comemoramos o tempo.

O convite me levou a um ziguezague, estonteante, que passeou pelo Brasil, pelo começo do século, pelos sonhos de tantos brasileiros nos quais se incluem nossos fundadores. E teve, como efeito colateral, certa tristeza, certo mal-estar, que gostaria de compartilhar com todos vocês. Não me proponho aqui a contar a história cronológica dos nossos começos, tarefa para a qual não me sinto habilitada e nem o tempo permitiria…

---

1 Psicanalista. Membro efetivo da Sociedade Brasileira de Psicanálise de São Paulo (SBPSP). Diretora do Instituto de Psicanálise "Durval Marcondes" da Sociedade Brasileira de Psicanálise de São Paulo (SBPSP). dora.tg@terra.com.br

Minha viagem afetiva e histórica teve como ponto de partida Villa-Lobos (1925), um grande compositor que tematizou o Brasil, inventou um certo Brasil do qual nos orgulhamos e que tem caráter universal: arte no melhor dos sentidos. A peça que ouvimos, *Alma brasileira*, representa nossa complexidade: tem um tom triste-alegre, alegre-triste, amazônico, gingado, profundo: nos toca. E podemos começar por ela: um certo Brasil que hoje nos convoca, e nos convida a passear por sua história.

Um certo Brasil

Alguns autores nos trazem notícias de um Brasil complexo, indigesto, que recalcou eventos fundamentais, para o qual dirigimos nosso olhar hoje, sem nenhuma proposta nostálgica. Partindo desses autores, mergulhamos numa espiral do tempo, cuja seta se volta para o passado para retornar aos dias de hoje. A psicanálise, desde Freud, coloca em cena um tempo nada linear, que propõe, do presente, um olhar sobre o passado, que ressignifica o tempo atual e prepara a abertura de um outro tempo. É desse tempo que se trata.

Lévi-Strauss (1996) é um bom companheiro de viagem, e nos alerta de que, muitas vezes, o olhar de um viajante estrangeiro enxerga melhor do que nós, filhos da terra... Em seu livro *Tristes trópicos*, cujo protagonista é o Brasil dos anos 1930, o adjetivo "tristes", ao lado de "trópicos", abala o mito edênico de uma terra de prazeres, liberdade, muita água, vegetação exuberante, corpos ardentes. Antes de vir ao Brasil, numa conversa com o embaixador brasileiro em Paris, em 1934, ouve dele que seria difícil seu trabalho como etnógrafo, uma vez que nossos índios não mais existiam: curiosa informação... O adjetivo "tristes" poderia revelar certa dose de mal-estar, que Lévi-Strauss localizou aqui, um mundo caleidoscópico, captado por seu olhar dinâmico, interrogante, cético diante da ideia de cartografias lineares e autoexplicativas. As observações agudas sobre a cidade de São Paulo ainda nos inquietam: "aqui tudo parece que era ainda construção e já é ruína" – que figura na música "Fora da ordem", de Caetano Veloso (1991). Eterno país do futuro, "gigante", "deitado eternamente em berço esplêndido", como reza nosso Hino. Presente cheio de passado, que requer elaborações para, quem sabe, tentar sair do tempo circular e repetitivo, que nos aproximaria mais das ruínas do que das construções, como bem disse Lévi-Strauss.

Refiro-me agora a Sérgio Buarque de Holanda (2016), que, no livro Raízes do Brasil, apresenta a sua teoria do *homem cordial* – uma espécie de identidade do brasileiro, que reage com o coração, resiste a formalismos, tem dificuldade com a lei. País onde um projeto de modernidade e pujança convivia com as velhas ordens familiares e de mundanismo local, com predomínio dos aspectos pessoais, privados, informais, em detrimento dos formais. Nossa cordialidade e alegria de fachada configuravam, para quem nos visitava, um país sem mal-estar, terra da felicidade, do prazer, do bem viver.

A valorização da Colônia, dos valores do dito primeiro mundo, sempre nos colocou em lugar de inferioridade, sintoma que Nelson Rodrigues chamou de "complexo de vira-lata", e Mário de Andrade, a seu modo, de "mal de Nabuco" (ao passear pelo rio Tietê, o brasileiro tem nostalgia do Sena...). Fica a pergunta: até que ponto ainda sofremos desse mal? O que recalcamos, de nossa formação, que é difícil colocar nas correntes associativas? O quanto essa constituição deixa restos que ainda ecoam em nós? O que vem a ser a *alma brasileira*?

Na década de 1920, assistimos a um crescimento espantoso da cidade de São Paulo, do qual somos herdeiros, que coincide com a chegada da modernidade implacável, de cujo fio nossa instituição é tributária. Um crescimento desordenado, caótico, que acirrou as grandes diferenças entre seus habitantes, resultando numa cidade feia, complicada, pouco amigável, onde é difícil viver e circular. Um progresso gerador de mal-estar e sofrimento.

A vertente modernista teve sua expressão local, nas artes, na literatura, e marcou a fundação de nossa instituição. Apenas como destaque, cito Mário de Andrade (1996, 2013), paulistano, que introduz em suas narrativas a psicanálise recém-aterrissada por aqui (por exemplo, em *Contos novos*: "Tempo da camisolinha", Vestida de preto, "Frederico Paciência"; e em *Amar, verbo intransitivo*).

É nesse caldo que tudo começa: a psicanálise chega cedo por aqui, contrastando com o atraso de nossas cidades e com a pauperização de seus moradores.

Antes de introduzir a Instituição e o Instituto, ocorreu-me uma outra peripécia com que o tempo, em seu ziguezaguear, nos surpreende: recentemente, o livro *Torto arado*, de Itamar Vieira Junior (2019), que tematiza um não lugar chamado Brasil, evoca um outro, *Vidas secas*, de Graciliano Ramos (2012). Dois autores, separados por diversas décadas, nos levam a veredas perdidas do País, que insistimos em esquecer e apagar, como os índios mencionados pelo embaixador brasileiro em 1934. O tema é o mesmo: povos e lugares contemporâneos, que habitam outro tempo. Em Vidas secas, os personagens pouco falam: se apresentam como carentes da fala culta, que comunica e interroga. Há um capítulo muito tocante, onde as crianças, filhas dos retirantes que nunca chegam a lugar algum, sempre retornam; ao se dirigirem a uma festa de Natal, reconhecem que são diferentes e quiçá inferiores aos demais cidadãos. Descobrem, maravilhadas, que as coisas tinham nomes: "Como podiam os homens guardar tantas palavras? ... Livres dos nomes, as coisas ficavam distantes, misteriosas" (Ramos, 2012, p. 82). O mundo só existe, se nomeado: de *Torto arado*, somos levados a *Vidas secas*, e lembramos desse vasto Brasil, um gigante que precisa acordar e falar: cura pela palavra mágica, encarnada no coletivo.

Retratos na parede e um certo recorte: Virgínia Bicudo

Ao começar minha formação na SBPSP, em 2001, estava ciente de que ingressava numa instituição pujante, com lastro e filiação, e que proporcionaria uma oportunidade ímpar de mergulho na psicanálise – o que se confirmou no melhor dos sentidos. Um aspecto curioso chamava minha atenção: os retratos nas paredes das salas de seminários, que traziam cenas festivas, com certo luxo e distinção, bailes, jantares, mesas de reuniões com pessoas elegantes. Confesso que esses retratos causavam certo estranhamento, e nunca me interessei por eles, nem sequer por seus personagens. Para mim, eram apenas ilustrações, sem maiores consequências. Fica claro que ver as imagens não é o mesmo que conhecê-las: elas precisam ser tocadas por nosso olhar e curiosidade para que se tornem vivas e nos contem histórias.

Passados os anos, e tendo em vista que a própria história do país e das instituições nos convida a visitar o tempo, recontar as histórias, brincar com a flecha do tempo que vive a nos surpreender, e também pela função que ora ocupo, diante do Instituto, passei a olhar essas imagens como registro histórico fundamental, que retorna no tempo e evoca narrativas que ainda estão para ser construídas, por nós e pelos que virão.

E, aqui, faço um recorte: me dirijo a *Virgínia Bicudo*. Não a conheci pessoalmente, mas ela, uma mulher de outro tempo, convive comigo como se fôssemos do mesmo tempo. A figura de Virgínia foi ganhando densidade, complexidade, extremo interesse e um certo encanto. Fui, aos poucos, colocando texto nas imagens dela ao longo dos anos, auxiliada por colegas,[2] *lives*, teses, mesas, que

2 Aproveito para agradecer a Luiz Meyer e nossa conversa saborosa que trouxe Virgínia bem perto, no tempo e nas ideias.

dela tratavam. E, junto a outros grupos, fui me dando conta de sua trajetória, pontilhada de deslocamentos potentes, geográficos, ideológicos, teóricos. Uma mulher, negra, não médica, não rica, não portadora de sobrenomes das altas elites... Nossa "candidata" exemplar, que ficou à frente do Instituto por 14 anos, em diversas gestões, incentivadora de diversos movimentos, como a fundação do *Jornal de Psicanálise*, entre tantos outros, talvez não fosse aprovada em comitês de seleção criados em certos momentos, quando nossa instituição se enrijeceu e se fechou... Virgínia se desloca do interior, para São Paulo, Londres, Brasília, onde funda um braço da SBPSP que depois ganha autonomia e onde se destaca sua função didática: acessível, inteligente, dinâmica. Relatos de colegas de Brasília nos contam de uma mulher que aceitava os preços que os candidatos locais podiam pagar, muitas vezes aquém do praticado, e propunha análises condensadas, uma vez que a analista não residia no local dos seus analisandos. A International Psychoanalytical Association (IPA) teve que se debruçar sobre o gigante Brasil, com suas enormes distâncias geográficas. A cidade de Brasília em que Virgínia viveu também nos deixa saudade: um sonho de Brasil moderno, avançado, "cinquenta anos em cinco". *Esse é mais um resto dos excessos que praticamos por aqui.*

Recolhi alguns traços, a partir de diversos relatos de colegas, que a caracterizam: mal-estar/sofrimento/dor como motor de pensamento e caminhada; coragem; firmeza; inteligência; bom humor; gingado; capacidade de escuta, espírito desbravador; e, acima de tudo, amor à psicanálise: à sua transmissão e expansão. Figura inspiradora, contou a um colega que sofreu muito quando se deu conta de que seu traço racial era motivo de troça nos grupos escolares: "negrinha...". Segundo Luiz Meyer, no caso de Virgínia, voltar-se para dentro, a partir do sofrimento e do preconceito que a cordialidade brasileira esconde, foi um movimento de abertura. Um desenho tocante de que nosso interesse é pela dor que pode se transformar em pensamento e expansão, quando encontra um diálogo aberto e flutuante. Aqui, temos um exemplo de como a análise opera.

Na primeira formação, em sociologia, Virgínia ousa uma tese cujo tema era *atitudes raciais de pretos e mulatos em São Paulo* (Bicudo, 1945), que tocava na ferida de sua própria trajetória, e desenvolve uma pesquisa de campo onde se propõe a escutar as dores desses brasileiros. Midiática, teve colunas em jornal e programas de rádio. Uma boutade, que conta em um documentário: ao ser entrevistada por Durval Marcondes, no momento de seleção ao Instituto, ele explica que ela deveria pedir autorização a seu pai, para iniciar uma análise, já que era um processo que adentraria sua intimidade. Ela sai pensativa, e no dia seguinte retorna com o "sim" do pai. Detalhe: seu pai já era falecido, ao que ela acrescenta que o sim veio de seu pai interno.

Virgínia sempre esteve no nosso panteão, com honrarias merecidas. Mas o rizoma dos tempos, e a situação de nosso País, a exclusão de tantos outros das estruturas de ensino que exigem investimento, como a nossa, nos fazem percorrer seu arco, entrar na passagem do tempo e colocar a questão, que nunca cessa: como pensamos a formação no nosso Instituto? Qual o nosso mal-estar hoje? E como esse mal-estar pode se transformar em reflexão que pode forjar práticas de formação? Acredito que a trajetória de Virgínia Bicudo pode ser uma boa inspiração.

Nossa instituição e filiação

Ao lermos a história do movimento psicanalítico, além da inteligência, da dedicação de seu fundador, Freud, da larga e profícua produção teórica que inaugura um campo que passa a fazer parte da cultura, percebemos que Freud tinha uma alma expansionista e desejava espalhar a psicanálise pelo globo, afastando-a de grupos religiosos, nacionalistas, sectários. A IPA se constitui num *branding* e os institutos que dela fazem parte gravitam a seu redor como uma espécie de *franchising*, que reproduzem, de certa forma, o modelo de formação testado e aprovado.

A exportação de modelos, dos centros mais desenvolvidos às periferias (antes denominadas "terceiro mundo"), tornou-se uma prática comum e disseminada. Mas nem sempre os modelos copiados funcionam tão bem fora de seus centros de proliferação. Algo do *terroir* pode dar um resultado que faça mais sentido. A IPA também somos nós, e está claro que uma grande organização mundial só pode sobreviver, escapando do dogmatismo e da verdade última, se tiver porosidade para receber outros idiomas, que chegam do estrangeiro.

O tripé é apenas o começo: o modelo lógico que fundamenta a formação em psicanálise (análise pessoal, teoria, clínica: supervisões), mas ele pode se abrir em diversas sinfonias, a partir do ingrediente local e grupal. Esse modelo nunca se completa, e sempre se reapresenta com novas questões.

Sabemos que nosso Instituto já atravessou diversas fases e conflitos: épocas de maior fechamento, de risco de rupturas, de brigas entre tribos internas. Mas se manteve. Somos muitos: mais de 360 membros filiados, no conjunto de mais de 800 membros que compõem toda a Instituição. E temos muitos idiomas, que se refletem nos diversos temas, autores e seminários eletivos oferecidos na grade semestral. A pluralidade, a liberdade dos coordenadores de apresentarem seus temas para estudo, o cuidado e acompanhamento dos futuros analistas que nos procuram são a razão de ser de um organismo vivo e pensante.

Cada membro filiado que chega, atraído pelas características e pelo projeto de formação que praticamos, passa a fazer parte de uma instituição viva, atenta às novas questões que se apresentam. E passa a fazer parte da nova galeria de imagens e fotos, à espera de novas narrativas e histórias.

Um tema que tem especial interesse diz respeito à função didática. Aos didatas da Instituição cabem as análises didáticas, seminários clínicos e supervisões. Tais atribuições revelam a importância dessa figura dentro do modelo de formação aqui adotado, que não é unanimidade absoluta entre nós, tão diversos, e que sempre traz interrogações. Falar em função didática e problematizar sua inserção institucional, a nosso ver, faz parte de uma conversa importante, já que incide diretamente sobre o percurso de todos os membros filiados. Desde o custo das análises didáticas, tema que sempre retorna, e que muitas vezes impede o acesso de talentos ao nosso espaço, até a implicação nas supervisões oficiais e acompanhamento da escrita do relatório, que também fazem parte dessa função. Gostaríamos de envolver todos os didatas nas questões e impasses que o Instituto não cessa de apresentar.

Há tensão no *core* do Instituto: o movimento de reproduzir o modelo, instituído, que tem o risco de torná-lo anacrônico, cristalizado e fechado, de um lado; e o desejo de transformar, que chega a partir das novas gerações que nos procuram, da convivência grupal que propõe deslocamentos cronológicos e geográficos, das questões clínicas contemporâneas e o inexorável movimento de mudança dos tempos, de outro lado. É dessa tensão que nos alimentamos.

Para finalizar, gostaria de destacar o coletivo, o nós, que compõe a convivência e a transmissão, e o sabor de estarmos acompanhados e dispostos à escuta dos novos idiomas que não param de chegar... e que nos deixam mais vivos.

Referências

Andrade, M. (1996). *Contos novos*. Villa Rica.

Andrade, M. (2013). *Amar, verbo intransitivo*. Nova Fronteira.

Bicudo, V. L. (1945). *Estudo de atitudes raciais de pretos e mulatos em São Paulo* [Dissertação de mestrado]. Escola Livre de Sociologia e Política de São Paulo.

Holanda, S. B. (2016). *Raízes do Brasil*. Companhia das Letras.

Lévi-Strauss, C. (1996). *Tristes trópicos* (R. F. Aguiar, Trad.). Companhia das Letras.

Ramos, G. (2012). *Vidas secas*. Record.

Veloso, C. (1991). Fora da ordem [Música]. In *Circuladô*. Elektra Nonesuch.

Vieira Junior, I. (2019). *Torto arado*. Todavia.

Villa-Lobos, H. (1925). *Choro n. 5: Alma brasileira* [Música].

Psicanálise e literatura

Darcy de Mendonça Uchoa (1907-2003)

CDM-SBPSP

Palavras Simpósio 70 anos!

Glaucia Maria Ferreira Furtado,[1] *São Paulo*

É com muito prazer que darei continuidade a este Simpósio em comemoração aos 70 anos da Sociedade Brasileira de Psicanálise de São Paulo (SBPSP), e coordenarei esta mesa, cujo tema é *psicanálise e literatura.*

Esta comemoração está permitindo resgatar e divulgar a história da Sociedade e de suas diretorias, e eu gostaria de apresentar brevemente a diretoria regional e, em seguida, dar início a nossa mesa apresentando nossos convidados.

A SBPSP, junto às suas diretorias, DC, DI, DAC, DCC e DR, vem promovendo muitas atividades com o intuito de levar a psicanálise para a comunidade, expandindo assim suas raízes para diferentes regiões. Na função de diretora regional da SBPSP, priorizarei na minha apresentação a trajetória da diretoria regional, sua germinação, criação e travessia.

---

1 Psicanalista, membro efetivo, docente e diretora regional da Sociedade Brasileira de Psicanálise de São Paulo (SBPSP). glauciafurtado5@gmail.com

A diretoria regional da SBPSP percorreu um longo caminho até sua inserção nos estatutos da Sociedade, em novembro de 2007. Graças ao empenho de Virgínia Bicudo, Durval Marcondes e Lygia Alcântara do Amaral, psicanalistas pioneiros na divulgação da psicanálise fora de São Paulo, aconteceram as primeiras atividades psicanalíticas em cidades distantes da capital.

A partir dessas sementes, o espírito empreendedor de presidentes e psicanalistas da SBPSP, empenhados na expansão da psicanálise em diferentes âmbitos da cultura e em diferentes cidades, ajudou a constituir núcleos de estudos psicanalíticos locais, fora da cidade de São Paulo, que se desenvolveram promovendo palestras, jornadas, cursos, através dos quais foi possível à população do interior do estado de São Paulo e de outros estados se aproximar de maior conhecimento psicanalítico e análise pessoal.

Esses movimentos psicanalíticos iniciados há muitos anos contribuíram para o surgimento de diversos interessados em fazer a formação psicanalítica no Instituto de Psicanálise da SBPSP e para a divulgação da psicanálise, como também germinaram e serviram de base para a criação da diretoria regional na SBPSP. Venho acompanhando o seu desenvolvimento desde o início e testemunhando como o seu trabalho fica mais estruturado e vivo a cada ano que passa.

Agradeço muito a todos os presidentes da SBPSP que incentivaram e apoiaram o surgimento da diretoria regional, que se oficializou em 2007, na presidência de Luís Carlos Menezes, e, na sequência, Plinio Montagna, Nilde Parada Franch e, atualmente, Carmen Mion, que tem sido muito receptiva e integradora, e aos diretores regionais, Humberto Menezes, Jurenice Picado Alvares, Osvaldo Barison, Selma Jorge e Elza Magnoler, que não mediram esforços para o desenvolvimento da diretoria regional, promovendo cursos e encontros das seções regionais.

Atualmente, 40% dos membros da SBPSP são de cidades do interior e/ou do litoral de São Paulo e de outros estados, e a diretoria regional se dispõe a representar esses membros. Em constante movimento, várias seções regionais se implantaram, tanto em várias cidades do interior do estado de São Paulo como também no litoral e em outros estados como Minas Gerais e Paraná, respeitando as expectativas e especificidades de cada região. A diretoria regional abriga hoje 22 seções regionais e uma representação dos membros filiados da Sociedade.

Como atual diretora regional, pretendo continuar e reforçar ainda mais essa expansão, essa travessia tão fértil e necessária, mantendo assim uma odisseia repleta de lutas, desbravamentos e conquistas.

Desde 2008, acontecem os encontros regionais em diferentes cidades, com a finalidade de congregar cientificamente as seções regionais com as demais diretorias da SBPSP e a população em geral, na ampliação das fronteiras da psicanálise. A diretoria regional continua suas atividades, agora *on-line*, oferecendo cursos, *webinars* e jornadas.

Trilhamos um caminho extremamente rico, ao lado de um grupo querido de psicanalistas da SBPSP, como Odilon de Mello Franco Filho, Alfredo Menotti Colucci, Marcio de Freitas Giovannetti, Leopold Nosek, Teresa Haudenschild, entre muitos outros, e, em especial, nossa querida e grande incentivadora, Maria Olympia Ferreira França, nossas referências ao longo destes anos. A todos, nossa gratidão!

Retornemos agora ao tema desta mesa, *psicanálise e literatura.* A psicanálise e a literatura transitam na mesma esfera, que é a busca da verdade sobre si mesmas, a busca do humano, e elas se encontram na arte do discurso, da beleza, das paixões. Beleza enquanto estética da verdade: a beleza é a verdade, a verdade é a beleza.

A beleza costuma ser descrita como algo harmonioso e completo, enquanto o feio se relaciona ao imperfeito, destruído, fragmentado. A grandeza da arte e da experiência estética consiste justamente em integrar esses dois aspectos. Essa é a função tanto da literatura quanto da psicanálise. O enfoque psicanalítico sobre a prática literária tem como objetivo o estudo e a interpretação das relações entre o texto literário e o inconsciente.

Psicanálise e literatura: duas disciplinas de estudo que se entrelaçam no caminho da busca pelas palavras, no discurso que envolve as questões do amor, do prazer, da dor, da angústia e da tragédia da condição humana. Ambas se locomovem pelos percursos das representações dos aspectos inconscientes da mente. É sobre essa interseção que nossos convidados transitarão, para nos trazer mais luz sobre a função organizadora da palavra.

Passarei agora para a apresentação dos nossos palestrantes. Iniciaremos pela professora e ensaísta Adelia Bezerra de Meneses e, na sequência, o psicanalista Luiz Carlos Uchôa Junqueira Filho.

Adelia Bezerra de Meneses, pesquisadora do Conselho Nacional de Desenvolvimento Científico e Tecnológico (CNPQ), é professora de teoria literária e literatura comparada na Universidade Estadual de Campinas (unicamp), onde se aposentou, e na Universidade de São Paulo (USP), onde continua como colaboradora voluntária junto à pós-graduação. Também lecionou literatura brasileira na Universidade Técnica de Berlim, por quase 3 anos. Publicou os livros: *A obra crítica de Álvaro Lins e sua função histórica*; *Do poder da palavra: ensaios de literatura e psicanálise*; *Figuras do feminino*; *As portas do sonho*; *Cores de Rosa: ensaios sobre Guimarães Rosa*; *Militância cultural: a Maria Antônia nos anos 60*. Com *Desenho mágico: poesia e política em Chico Buarque*, ganhou o Prêmio Jabuti de Ensaio Literário.

Com a palavra, Adelia Bezerra de Meneses, que falará sobre *Literatura e psicanálise: leitura do humano, leitura do social.*

Parabéns, Adelia, pela bela apresentação. Você fez uma poética e profunda junção entre literatura e psicanálise, ao falar do homem na sua relação intra e interpessoal e social, que sem dúvida mobilizará muitos questionamentos.[2]

Teremos, agora, a apresentação do psicanalista Luiz Carlos Uchôa Junqueira Filho, graduado em Medicina pela Faculdade de Medicina da Universidade de São Paulo (FM-USP), membro efetivo e analista didata da Sociedade Brasileira de Psicanálise de São Paulo (SBPSP), da qual foi presidente. Organizador dos encontros bienais da SBPSP e editor das publicações correspondentes. Autor dos livros: *Sismos e acomodações: a clínica psicanalítica como usina de ideias*; e *Dante e Virgílio: o resgate na selva escura.* Além disso, é autor e tradutor de diversos artigos sobre psicanálise, bem como docente sobre a obra de Bion, aqui e no estrangeiro.

Com a palavra, Luiz Carlos Uchôa Junqueira Filho, que falará sobre *Uma compreensão da oposição finito-infinito proposta por Bion, à luz da reciprocidade estética entre libido elegíaca e libido sensual.*

Obrigada, Junqueira. Muito linda e tocante suas palavras. Você nos apresentou, com magnificência e de forma tocante, como a literatura nos permite vivenciar profundas e significativas experiências emocionais.[3]

2 Palavras proferidas após referida apresentação.

3 Palavras proferidas após referida apresentação.

Flávio Rodrigues Dias (1899-1994)

CDM-SBPSP

Psicanálise e literatura
Leitura do humano, leitura do social

Adelia Bezerra de Meneses,[1] *São Paulo*

Num contexto de celebração dos 70 anos da Sociedade Brasileira de Psicanálise de São Paulo (SBPSP), e como alguém que vem da seara da literatura, o intento é demonstrar o quanto temos em comum.

Assim, a minha proposta é, focando alguns dos mais significativos denominadores comuns entre a literatura e a psicanálise, fazer convergir tudo numa reflexão sobre a interpretação e, sobretudo, num exercício de interpretação. Com efeito, depois de estabelecer um patamar teórico minimalista, eu gostaria de partir para a práxis, para o enfrentamento de um texto literário, com uma abordagem que eu própria não saberia discriminar se literária ou psicanalítica.

---

1 Pesquisadora do Conselho Nacional de Desenvolvimento Científico e Tecnológico (CNPQ), foi professora de teoria literária e literatura comparada na Universidade Estadual de Campinas (UNICAMP) (onde se aposentou) e na Universidade de São Paulo (USP) (onde continua atuando como professora colaboradora junto ao Departamento de Teoria Literária e Literatura Comparada [DTLLC]). Também lecionou literatura brasileira na Technische Universität Berlin. Autora de diversos livros. adeliabm@terra.com.br

O primeiro denominador comum é a *palavra*, a nossa matéria-prima; a palavra, essa mais radical prática simbólica. E com ela tanto a literatura quanto a psicanálise exercem o poder de nomear, o chamado poder adâmico. No Gênesis bíblico, Iahweh, depois de criar os animais, os conduziu a Adão para ver como ele os chamaria. Alfredo Bosi, no livro *O ser e o tempo da poesia*, diz que "O poder de nomear significava para os antigos hebreus dar às coisas a sua verdadeira natureza, ou reconhecê-la. Esse poder é o fundamento da linguagem, e, por extensão, o fundamento da poesia" (1977, p. 141).

Pois bem, o poeta dá nome não mais aos seres do Jardim do Éden, mas a emoções, situações existenciais, experiências fundadoras, sentimentos, que de outro modo ficariam inarticulados, e não poderiam ser comunicados. Provê a possibilidade de expressão a percepções e afetos, ofertando-nos o acesso ao mundo simbólico – num trabalho com a palavra, não apenas (sobretudo no caso de um poeta que é um compositor musical) desentranhando a música que essa palavra contém, mas dela extraindo o máximo de possibilidades, em seu jogo recíproco com as demais: daí a importância atribuída ao significante.

Ligada a este tópico está *a leitura do humano/leitura do social*. De fato, literatura e psicanálise desvelam a natureza humana, seja na individualidade incontornável da pessoa, seja nas grandes configurações da história e da cultura. Aqui, pulsa o lema socrático "conhece-te a ti mesmo": o que dá o vetor à caminhada humana é a busca da verdade sobre si próprio. Mas, sendo o ser humano um animal social, há que se levar em conta, ao lado das instâncias do indivíduo, o grupo que o engendrou.

Dono de um invulgar senso de analogia e das correspondências (fundamento da linguagem poética), que vem de uma percepção intensa das coisas, e detendo uma comunicação sem entraves com o seu próprio inconsciente (pessoal e filogenético), o poeta revela realidades (*re-vela* = mostra e vela de novo). De fato, ele está como que mais perto das "fontes inconscientes", e seu conhecimento se faz via intuição. E, como sabemos, intuição vem do latim *in* (em) + o verbo *tueor* (ver): literalmente, um "ver dentro". Por isso, os adivinhos e os poetas são cegos, como Tirésias e Homero: eles teriam essa visão interior.

O terceiro *tópos* é o *impulso interpretativo*. Cito Ricoeur: "Onde quer que um homem sonhe, profetize ou poetize, outro se ergue para interpretar" (1977, p. 26). Literatura e psicanálise são horizontes da hermenêutica. O verbo grego para interpretar, *hermeneuein*, traz embutido o nome de Hermes, o deus mensageiro: aquele que leva as mensagens, que habita as encruzilhadas, que promove as trocas (é o deus do comércio) e a comunicação. No *Hino homérico*, Hermes (cujo nome latino é Mercúrio) é apresentado como aquele que põe a descoberto tesouros ocultos. Esse pano de fundo mítico já indicia o quanto a interpretação postula movimento: nada há aí de fixo, de unívoco. É nessa postura mercurial, tentando "trazer à luz tesouros ocultos", é sob o signo de Hermes, com toda sua poderosa energia comunicativa, que qualquer interpretação deve ser encetada.

Então: diante de um sonho, de uma profecia ou de uma poesia, como agimos, aqueles que, analistas ou críticos literários – hermeneutas –, nos "erguemos para interpretar"?

Assim como não há receitas a aplicar no manejo de uma sessão analítica, diante de um paciente em carne e osso e sofrimento, não há uma "bula" para a análise e interpretação de um texto. Leo Spitzer (1887-1960), um dos maiores críticos literários do século XX (aliás, introduzido na França por Foucault, que o traduziu do alemão para o francês), declara solenemente que "método é vivência". No entanto, importa observar que, numa leitura psicanalítica, não se prescinde da associação. Mas, diante de um texto, não cabe dizer o que se passa na minha cabeça; há que se fazer não uma associação individual, mas uma associação cultural.

Spitzer vai ainda dizer algo extremamente importante: que o ato interpretativo se realiza num movimento circular do conhecimento, um movimento (que eu chamaria de mercurial) entre o detalhe e o conjunto, um vai e vem entre a parte e o todo. Trata-se do "círculo do conhecimento", ou "círculo hermenêutico"[2] – a ideia segundo a qual

> *o conhecimento não se alcança somente por progressão gradual de um a outro detalhe, mas por antecipação ou adivinhação do todo, porque o detalhe só pode ser compreendido em função do todo, e qualquer explicação de um fato particular pressupõe a compreensão do conjunto. (Spitzer, 1968, p. 34)*[3]

E é o conhecimento prévio que o crítico tem desse todo (por exemplo, a sociedade em que foi engendrada uma obra) que lhe permite, voltando ao texto, ressignificá-lo. Além disso, é a pessoa toda do analista (de texto ou de gente) que entra em campo, com tudo o que é, e não somente com seu repertório ou seu saber teórico. Fundamental aí é o papel reservado à intuição, que é, como referi mais acima, esse "ver dentro". Mas Spitzer também assinala a necessidade de uma corrente de afinidade, de uma sintonia entre o crítico literário e o seu texto. A propósito, Jean Starobinski (1970), num dos mais completos estudos sobre Spitzer, fala de um "eros analítico" que o move, uma entrega total da afetividade à obra analisada.

---

2 "Círculo do conhecimento": assim denominou Dilthey a descoberta realizada pelo filólogo e filósofo Schleiermacher.

3 Sigo essa tradução espanhola do texto que, com pequenas variações, Spitzer publicou em inglês, e também em francês (com tradução de Michel Foucault), com o título de "Art du langage et linguistique", in *Études de style*, Gallimard, 1970.

Então: que não se pense que o trabalho da crítica literária seja uma atividade acadêmica, de gabinete e distanciada. Pois, na esteira do "eros analítico", esse empreendimento frente a um texto é um encontro interpessoal – mediado pela palavra escrita. Na busca insofrida de um *conhecer, de um cum-gnoscere* (conhecer com, conhecer conjuntamente), travejando inteligência e afeto, desvela-se um elã de comunhão profunda com o humano.

Dito isso, vamos passar a uma análise de um texto literário, a saber, a canção "As caravanas", do último CD de Chico Buarque, de 2017. Vou analisar a letra da canção como um poema, advertindo aos leitores que essa abordagem será sempre faltante, uma vez que letra e música formam um todo, e que a melodia também é produtora de significado. Em todo o caso, sempre se pode fazer um apelo à memória musical do leitor. Eis o texto:

1. É um dia de real grandeza, tudo azul
2. Um mar turquesa à la Istambul enchendo os olhos
3. Um sol de torrar os miolos
4. Quando pinta em Copacabana 1
5. A caravana do Arará, do Caxangá, da Chatuba
6. A caravana do Irajá, o comboio da Penha
7. Não há barreira que retenha esses estranhos
8. Suburbanos tipo muçulmanos do Jacarezinho
9. A caminho do Jardim de Alá
10. É o bicho, é o buchicho, é a charanga

11. Diz que malocam seus facões e adagas
12. Em sungas estufadas e calções disformes
13. É, diz que eles têm picas enormes 2
14. E seus sacos são granadas
15. Lá das quebradas da Maré

16. Com negros torsos nus deixam em polvorosa
17. A gente ordeira e virtuosa que apela
18. Pra polícia despachar de volta 3
19. O populacho pra favela
20. Ou pra Benguela, ou pra Guiné

21. Sol, a culpa deve ser do sol
22. Que bate na moleira, o sol 4
23. Que estoura as veias, o suor
24. Que embaça os olhos e a razão

25. E essa zoeira dentro da prisão
26. Crioulos empilhados no porão 5
27. De caravelas no alto-mar

28. Tem que bater, tem que matar, engrossa a gritaria
29. Filha do medo, a raiva é mãe da covardia
30. Ou doido sou eu que escuto vozes 6
31. Não há gente tão insana
32. Nem caravana do Arará
33. Não há, não há

34. Sol, a culpa deve ser do sol
35. Que bate na moleira, o sol 7
36. Que estoura as veias, o suor
37. Que embaça os olhos e a razão

38. E essa zoeira dentro da prisão
39. Crioulos empilhados no porão 8
40. De caravelas no alto-mar

41. Ah, tem que bater, tem que matar, engrossa a gritaria
42. Filha do medo, a raiva é mãe da covardia
43. Ou doido sou eu que escuto vozes
44. Não há gente tão insana 9
45. Nem caravana
46. Nem caravana
47. Nem caravana do Arará
(Buarque, 2017)

Começo pelo poder nomeador da poesia. O que se nomeia aqui é uma realidade não do indivíduo, mas da sociedade, do corpo social: na canção "As caravanas", Chico Buarque atinge o épico. E com um extraordinário poder de condensação, confirmando o que dizia Pound: "Poesia é condensação".[4] Trata-se de algo que vale por um tratado sobre a questão da escravatura, da exclusão social, do racismo e do "novo racismo".

Logo nos quatro primeiros versos, com a referência a mar e sol e Copacabana, já nos situamos de chofre no Rio de Janeiro. Aliás, a "Real Grandeza" do primeiro verso é uma rua carioca, nas imediações das praias da Zona Sul. E é também uma expressão nobiliárquica, usada para se dirigir à nobreza. Num primeiro nível, a canção vai tratar de "estranhos suburbanos tipo muçulmanos", que descem dos morros, em grupos, para a Zona Sul, para as bandas do "Jardim de Alah", um parque situado entre os bairros de Ipanema e Leblon. Isso vai gerar os "arrastões", furtos coletivos nas praias nobres, aterrorizando os frequentadores habituais, que passarão a defender seu patrimônio através do braço armado da polícia, ou de seus seguranças: "Tem que bater, tem que matar, engrossa a gritaria", dizem os versos das estrofes 6 e 9. Mas essa canção não é uma crônica carioca, ela vai fundo no *ethos* do país. Isso numa primeira

4 "Dichtung ist Verdichtung": em alemão, um jogo de palavras.

visada, porque, como se verá mais adiante, vai-se sobrepor uma outra questão, que ultrapassa o problema brasileiro.

Aqui, no Brasil, o estranho não é de fora, mas de dentro (podendo ser o indígena ou o nordestino pobre nos grandes centros, mas em "As caravanas" o foco da exclusão é fundamentalmente o afrodescendente). Há uma referência, na estrofe 3, a "negros torsos nus", que "deixam em polvorosa a gente ordeira e virtuosa" – inicialmente, seria interessante pensar em qual sentido a "gente virtuosa" se deixaria "ficar em polvorosa" diante dos negros torsos nus, mas o mais importante é a sequência da frase. Retomo os versos 16 a 20: "Com negros torsos nus deixam em polvorosa/ A gente ordeira e virtuosa que apela/ Pra polícia despachar de volta/ O populacho pra favela/ Ou pra Benguela, ou pra Guiné". Chegamos, assim, no verso 20, inapelavelmente, à fonte, ao núcleo histórico da exclusão social, neste país, marcado pelo escravismo no cerne de sua formação. Com Benguela e Guiné, remontamos ao ponto inicial da nossa História. E que os versos das estrofes 5 e 8 só fazem pontuar: "E essa zoeira dentro da prisão/ Crioulos empilhados no porão/ De caravelas no alto-mar". Recuamos ao tempo do tráfico de escravos, ao navio negreiro. E se estabelece uma articulação entre as caravanas e as caravelas.

Agora, podemos tratar do título. Caravana vem da palavra árabe qairauân = grupo de mercadores ou viajantes que se reúnem para atravessar o deserto. Eram comuns as caravanas com camelos, mas os textos antigos registram também caravana de escravos.

Pessoas escravizadas sendo transportadas na África. Gravura do século XIX

Fonte: Wilhelm Redenbacher, 1890.

Os escravos eram em geral aprisionados em pilhagens e guerras locais, e vendidos a traficantes que os juntavam para serem levados ao litoral, e daí cruzarem o Atlântico. Mas, até se chegar à costa, atravessava-se o deserto com esses homens e mulheres presos com correntes nos pés e ligados uns aos outros com cangas no pescoço. Um grande número morria no caminho, antes de chegar ao litoral, de doenças, de fome ou de exaustão. E outro tanto morreria no navio negreiro, chamado também navio tumbeiro. Não por acaso, a letra da canção faz um jogo de significantes, *caravana/caravela* (um desses achados, em que o Autor é mestre), em que cada um dos termos contamina o outro. Uma observação, que por sinal pontuaria a importância de atender ao nível melódico da canção, foi fornecida pelo próprio Chico Buarque, que declara que "Caravan", de Duke Ellington, estaria aludida na sua melodia.

É o caso de voltarmos aos arrastões que acima referi, essa espécie de caravana invertida, integrada por um "populacho" que quer ir para o *Jardim de Alah* (com todas as conotações paradisíacas que isso possa ensejar), mas que devia era ser mandado de volta para a favela. Um pouco de contextualização histórica pontual se fará necessária. Os arrastões, nas praias cariocas, se iniciaram em 1992, interferindo até na eleição para a prefeitura do Rio de Janeiro, possibilitando a vitória de Cesar Maia contra Benedita da Silva,[5] candidatos polares nas propostas de manejo do caso. A situação só se agravou com o tempo: por volta de 2015, a polícia carioca passou a intervir, retirando os moradores de favela de dentro dos ônibus,[6] que vinham da Zona Norte em direção às praias, mesmo que não tivessem cometido nenhum delito. Em apenas um único dia, foram totalizadas 150 apreensões de menores; e, num único ônibus, dos 15 rapazes "apreendidos" (valha o eufemismo!), 14 eram negros (Heringer & Barros, 2015). Por fim, as próprias empresas de ônibus alteraram o trajeto dessas linhas, colocando seu ponto final em bairros afastados das praias nobres. De fato, impedia-se o acesso de uma categoria de moradores à sua cidade. Era um tipo de *apartheid* à brasileira: não, os suburbanos não teriam "um dia de real grandeza".

Algo que salta aos olhos em "As caravanas" é a presença muçulmana. Vejamos: "mar turquesa à la Istambul" (com dupla alusão à Turquia, cruzando a expressão "azul-turquesa" com o nome da capital, Istambul); "suburbanos tipo muçulmanos"; "Jardim de Alá"; favela do "Arará" (que aparece três vezes na canção).[7]

Mas, além dessa presença ostensiva, há outros elementos que remetem ao mundo islâmico, e que estão quase que criptografados, como é o caso da favela da "Chatuba", uma vez que o nome do município onde se situa a favela da Chatuba é... *Mesquita*, templo

5 Cf. Francisco (2003). A indicação desse texto me foi dada por Teófilo Cavalcanti, a quem agradeço a leitura crítica desta minha análise de "As caravanas".

6 Cf. Torquato e Castilho (2021).

7 Sabemos que o monte Ararat é, na Bíblia, o maciço onde encalhou a Arca de Noé após o Dilúvio, e que é localizado na Armênia.

islâmico. Há até uma escola de samba Chatuba de Mesquita. Além disso, diz que esses "suburbanos tipo muçulmanos", cujos "sacos são granadas", "malocam seus facões e adagas em sungas estufadas e calções disformes". A alusão a granadas escondidas nos sacos nos faz inevitavelmente pensar nas guerras santas, nas *jihads*, no terrorismo fundamentalista, nos homens-bomba. Por outro lado, a referência à sexualidade exacerbada ("diz que eles têm picas enormes"), ligada à violência, também responde ao estereótipo preconceituoso do muçulmano, bem como do africano. E, finalmente, ainda como índice do mundo árabe, há uma estrofe inteira (a 4, repetida na 7): "Sol, a culpa deve ser do sol/ Que bate na moleira, o sol/ Que estoura as veias, o suor/ Que embaça os olhos e a razão" – que alude ao romance *O estrangeiro*,[8] de Camus (1942), em que é narrado o assassinato de um muçulmano, numa praia, na Argélia. O protagonista, que se chama Meursault, é preso e, durante o seu julgamento, quando o juiz lhe pergunta o motivo do crime, afirma que agiu assim por conta do sol. Mas, antes, vem a narrativa:

> *atrás de mim, comprimia-se uma imensa praia vibrante de sol. Dei alguns passos para a nascente. O árabe não se moveu. Apesar disso, estava ainda bastante longe. … A ardência do sol queimava-me as faces e senti o suor amontoar-se-me nas sobrancelhas. … doía-me a testa, sobretudo a testa e todas as suas veias batiam ao mesmo tempo debaixo da pele … No mesmo momento, o suor amontoado nas sobrancelhas correu-me de súbito pelas pálpebras abaixo e cobriu-as com um véu morno e espesso. Os meus olhos ficaram cegos, por detrás dessa cortina*

---

8 A identificação da presença do romance *O estrangeiro* na letra de "As caravanas" foi feita pela própria assessoria de Chico Buarque, em seu *site*, por ocasião do lançamento do CD.

> *de lágrimas e de sal. ... Foi então que tudo vacilou. ... Sacudi o suor e o sol. (Camus, 1942, pp. 130-131)*

Relativamente aos versos "Sol, a culpa deve ser do sol/ Que bate na moleira, o sol", Chico Buarque, em comunicação pessoal, revelou mais uma alusão, um jogo musical de difícil apreensão mesmo para quem conhece música: a passagem da primeira para a segunda parte da canção se dá com a palavra "sol", que cai na nota sol.

Significativo também é o trecho do romance em que se narra *como* foi cometido o crime: na praia deserta, Meursault dispara o revólver, o árabe jaz abatido na areia já com o primeiro tiro, e, diz o protagonista: "Voltei então a disparar mais quatro vezes contra o corpo inerte, onde as balas se enterravam sem se dar por isso" (Camus, 1942, pp. 130-131).[9] Seria importante, entre parênteses, relativamente a essa inserção de Camus, falar um pouco da figura de estilo que é a *alusão* – segundo o *Dicionário Caldas Aulete* (1958), uma "referência que se faz a alguma pessoa ou coisa sem a mencionar expressamente ... um dito crítico que só alguns leitores ou ouvintes percebem". De fato, essa menção indireta tem algo de uma brincadeira: embutido na raiz etimológica de alusão (*ad-ludere*) está o verbo latino *ludo, ludere* = brincar.

E, com essa alusão a O estrangeiro (o título é significativo) no centro da canção, verifica-se um ponto de inflexão no texto. A partir daqui, o tom vai mudar totalmente. Mas, antes de examinarmos

9 Meursault disparou quatro vezes contra o corpo inerte, não mais de 80 vezes, como aconteceu no caso de Evaldo Rosa dos Santos, o músico negro que, considerado suspeito de um assalto, ao passar pela estrada do Camboatá, no Rio de Janeiro, dirigindo-se com a família a um chá de bebê, foi alvejado por 12 soldados do Exército, no dia 7 de abril de 2019 (portanto, após a produção de "As caravanas"). Perícia posterior (da polícia militar judiciária) fez subir o número de projéteis a inacreditáveis 257 tiros de fuzil, dos quais 62 perfuraram o automóvel (Pauluze & Nogueira, 2019). Ver também Jucá (2019).

a inflexão, teremos que pensar no porquê da reiterada presença muçulmana nesse texto. Vamos lá.

Sabemos que a escravidão existe na humanidade desde sempre, e que ela está presente em culturas tão díspares quanto a babilônica ou a romana, ou a dos povos pré-colombianos, ou dos egípcios etc. Mas, não por acaso, um dos capítulos de *A escravidão*, de Laurentino Gomes (2019), se intitula "Sob o nome de Alá". E assim ele se inicia:

> *Praticadas por todas as civilizações desde os primórdios da História Humana, o uso de mão de obra cativa ganhou fôlego renovado a partir do século VII, com a expansão do Islã. Iniciou-se ali um choque de culturas e religiões – que ainda hoje se observa em várias regiões do planeta – cujo resultado seria a escravização de milhões e milhões de pessoas ao longo do milênio seguinte. (Gomes, 2019, p. 77)*

A isso se segue uma afirmação contundente: "A escravidão foi a base da expansão do Islã". De fato, os islamitas capturavam e eram capturados, sempre houve escravizados de ambos os lados. Para cá, também vieram negros islâmicos; aliás, como diz Lidice Meyer Pinto Ribeiro, "o islã foi trazido ao Brasil no final do século XVIII pelos escravos oriundos das regiões islamizadas da África" (2011, p. 141). Eles foram levados sobretudo para a Bahia, e ficaram conhecidos como os "malês" – de cultura em geral muito superior à dos colonos brancos. Segundo Roger Bastide, influenciaram o candomblé baiano – deles vem por exemplo o uso das túnicas, turbantes e roupas brancas, substituindo o colorido das vestes africanas. Em 1836, com a revolta dos malês, na Bahia, muitos dos negros, devolvidos a seus donos, foram vendidos para o Rio de Janeiro. João do Rio atesta, em 1904, no Rio de Janeiro, um islã misturado ao candomblé, efetivando-se uma fusão com crenças animistas e fetichistas dos demais escravizados. Mas isso ainda não justifica a presença muçulmana nessa canção que fala de racismo.

É que – como eu já tinha referido – se sobreporá aqui um outro problema. No mundo inteiro, agudizada pela questão das migrações, dos êxodos por fome ou por perseguição política, assiste-se a uma maré crescente de xenofobia, soprada pelos ventos da Direita. Instaura-se a "crise dos refugiados". E esse Outro, temido e demonizado, que facilmente terá sua imagem sobreposta à de um terrorista, pondo "em polvorosa a gente ordeira e virtuosa", em termos mundiais, é privilegiadamente o muçulmano, mesmo que ele esteja fugindo do extremismo. De fato, a islamofobia é um dado significativo da época contemporânea, despertando velhos preconceitos, reativando velhas figurações desse Oriente feroz, em seus confrontos com o Ocidente (Said, 2018). Há 20 anos, no dia 11 de setembro de 2001, aconteceram os atentados às Torres Gêmeas de Nova York, que colocaram o islã em evidência, reforçando o estereótipo do muçulmano como inimigo do mundo ocidental. A Europa sofreu múltiplos ataques terroristas; e, agora, com o avanço do Talibã no Afeganistão e a tomada de Cabul, e o Estado Islâmico, isso só tende a se agravar.

Desde as últimas décadas, ao abrirmos o jornal, nos acostumamos a ver barcos clandestinos apinhados de muçulmanos, barcos que naufragam antes de conseguirem aportar em terras europeias, tornando-se, literalmente, barcos tumbeiros.

Num recorte do jornal *Folha de S. Paulo*, de 4 de maio de 2015, sobre os migrantes do Mediterrâneo, lê-se: "Travessia precária é procurada por número crescente de africanos e árabes que fogem de conflitos e da pobreza". A foto da matéria traz uma frágil embarcação, quase uma canoa, atulhada de migrantes: não seria essa uma possível versão do binômio *caravanas/caravelas*? De fato, como dizem os versos 7 e 8 da canção, "não há barreira que retenha esses estranhos suburbanos tipo muçulmanos".

Um outro recorte do mesmo jornal, de 22 de abril de 2015, estampa o mesmo drama: "Nigeriano sobreviveu a desastre em navio que faz a rota entre África e Europa, mas perdeu seus 2 filhos".

Efetivamente, cresce o que os historiadores chamam de "o novo racismo". Xenofobia vem do grego *xenos* = estrangeiro, e *fobia* = medo. E, como diz a letra de "As caravanas", em enxuta síntese, "filha do medo, a raiva é mãe da covardia". De fato, o medo engendra a raiva, que gera a covardia.

Dito isso, vamos retornar ao Brasil: há que se estudar a escravidão, para entender este país e, quem sabe, mudar alguma coisa: ela plasmou o povo que somos. O Brasil é o maior território escravista do Ocidente. Sozinho, recebeu 40% dos milhões de africanos embarcados à força para o continente americano – o que significa que, para cá, vieram quase 5 milhões de africanos. O auge desse desenraizamento humano, diz Laurentino Gomes (2019), ocorreu do início do século XVIII até meados do século XIX. Mas o que é fundamental é que a escravidão não é um fato do passado, ela vige no presente. Chico Buarque diz isso tudo em "As caravanas", não num discurso conceitual, mas – sem falar na música, que, como eu disse, é produtora de significado – utilizando uma linguagem imagética e recursos que nos atingem também sensorialmente. Aliás, Hegel diz que "Poesia é o luzir sensível da ideia".

Voltemos ao texto da canção, às três primeiras estrofes, com foco nas favelas que aí comparecem. Segundo a declaração do ministro da Igualdade Racial, Edson Santos (governo Lula), num 13 de maio de 2008, quando se fazia memória dos 120 anos da assinatura da Lei Áurea, que abolira a escravidão no Brasil em 1888, "O negro deixou a senzala para morar na favela" (Correio Braziliense, 2008).

Pois bem, nas favelas citadas na canção, verifica-se uma constante, que as unifica num doloroso denominador comum: elas foram (e são) espaço de operações policiais sangrentas – como a favela da Chatuba, que se tornou famosa em 2012, quando lá houve uma chacina de seis jovens. Algumas continuarão apresentando, em anos posteriores à produção de "As caravanas", índices crescentes de letalidade nas incursões policiais – o que significa que isso diz respeito a algo estrutural, e que estamos no meio de um processo. A situação dos morros é extremamente complexa, com problemas de drogas, de tráfico, de milícias... tudo coroado pelo extermínio da população negra por parte de agentes públicos.[10] Segundo um dos líderes comunitários de Jacarezinho, Rumba Gabriel, a polícia "passou a desempenhar o papel dos capitães do mato, prendendo [os negros]" (Reis, 2020a).

Estatísticas macabras dizem que, a cada 23 minutos, um jovem negro é assassinado.[11] O Atlas da Violência 2021, produzido pelo Instituto de Pesquisa Econômica Aplicada (ipea) e pelo Fórum Brasileiro de Segurança Pública (fbsp), divulgado em 31 de agosto de 2021, assinala que, em 2019, o risco de uma pessoa negra ser assassinada foi 2,6 vezes maior do que o de uma pessoa não negra. Negros representam 75,7% das vítimas de homicídio no país (Ferreira, 2021). No entanto, nem é preciso frequentar as estatísticas: a leitura de jornal ou o noticiário de tv evidenciam que essa desproporção tem aumentado nos últimos tempos. Esses assassinatos

---

10 Como é o caso recente da favela do Jacarezinho, que, em 6 de maio de 2021 – portanto, quase 4 anos após o lançamento de "As caravanas" –, foi cenário da maior chacina policial da história, com um saldo de 29 mortos (sendo um deles, policial). O presidente da República "parabenizou" a operação e lamentou a morte de um dos policiais. O vice-presidente se pronunciou: "Tudo bandido" (Oliveira & Betim, 2021).

11 Essa é uma das constatações do relatório final da comissão parlamentar de inquérito (CPI) do Senado sobre o assassinato de jovens no Brasil, do ano de 2016 (JBr, 2016).

são perpetrados não apenas pela polícia, mas por seguranças particulares.[12] E há também os linchamentos virtuais nas redes sociais.

Voltemos às favelas cariocas, que comparecem em "As caravanas", e de que eu ressaltei o fato de serem palcos frequentes de operações policiais. Mas há outro importante denominador comum entre elas: as favelas são núcleos de resistência de cultura negra, da mais alta qualidade. Trata-se, aqui, do caso em que o "excluído" se torna sujeito do processo cultural. Não por acaso, grandes nomes da música brasileira nasceram ou se criaram nessas favelas. Tomemos Irajá: Dolores Duran cantava nas festas de Irajá, onde por sinal nasceram Zé Keti e Zeca Pagodinho; Nei Lopes gravou o "Samba de Irajá", que ele canta junto com Chico Buarque, num cd de 2015. É interessante lembrar que, na região de Irajá, havia, no fim do século XVIII, 13 engenhos, todos com mão de obra escrava.

Falando da favela da Penha, originada do "quilombo da Penha" (mas creio que se possa ampliar essa observação para outras favelas), William Reis (2020b) diz que a herança do quilombo se mantém viva "no samba, no *funk*, na capoeira, na estética negra reproduzida nos salões de beleza, no futebol e na militância".

Na favela do Jacarezinho, chamada de quilombo urbano, transitou Bezerra da Silva, que utiliza o samba para

12 É o caso, à guisa de exemplo, da empresa Vector Segurança Patrimonial Ltda., do hipermercado Carrefour, em Porto Alegre, cujos terceirizados surraram e asfixiaram até a morte João Alberto Silveira de Freitas, o Beto, na véspera do Dia da Consciência Negra do ano de 2020. Mas houve também o caso do adolescente negro que foi amarrado despido, chicoteado e torturado, porque roubara uma barra de chocolate num supermercado da vila Joaniza, em São Paulo, em 2 de setembro de 2019 (Maia, 2019). O que marca esse fato específico foi a reação de apoio nas redes sociais, por parte da "gente ordeira e virtuosa", aos agressores, pois um deles, provavelmente para se vangloriar do feito, fez circular um curto vídeo da tortura, que viralizou. (Entre parênteses: os exemplos seriam infindos – os que refiro agora são fatos que ficaram impactados na memória, à guisa de ilustração de casos em que pulsa nos justiceiros a ancestralidade da casa-grande.)

tematizar as questões sociais dos morros e que tem um disco com o título *Justiça social*, de 1987. É dele, por sinal, a canção "É o bicho, é o bicho"[13] (citada no verso 10 de "As caravanas"), em que um tiro pega um mané do morro, que não tinha a ver com nada.

Quanto à favela da Maré, que comparece por último na canção: foi lá que nasceu e atuou Marielle Franco. Eleita vereadora pelo Partido Socialismo e Liberdade (psol), ela criou (junto com Renata de Souza, que também se tornaria deputada pelo mesmo partido) o bloco de carnaval Se Benze Que Dá, na Maré. Sua campanha teve o *slogan* #MulheRaça, indiciando o tipo de luta política que ela se dispunha a travar. Vítima de um atentado no dia 14 de março de 2018, foi assassinada no carro junto com o seu motorista, Anderson Gomes, exatamente na volta de uma roda de conversa *Jovens Negras Movendo as Estruturas, na Casa das Pretas, espaço coletivo de mulheres negras da Lapa* (Vaz, 2021). Atente-se para o nome da roda de conversa: "jovens negras movendo as estruturas".

Portanto: resistência cultural, resistência política e assassinatos estão amalgamados.

E a favela de Caxangá (verso 5)? Caxangá: esse termo acorda nas nossas cabeças a canção infantil, ou melhor, o jogo infantil cantado, acompanhando uma coreografia com as mãos: "Escravos de Jó/ Jogavam caxangá/ Tira, põe/ Deixa ficar...". Não por acaso, escravos. Aliás, uma leitura ou escuta um pouquinho mais atenta dessa canção revela o trabalho extraordinário de adequação da toponímia à temática dominante, que é a questão da escravatura. E observamos, atuante, o mecanismo da condensação e uma utilização

13 "É o bicho, é o bicho, é o bicho/ É o bicho malandragem/ É o bicho, é o bicho/ Eu falei que é o bicho// No silêncio da noite um tiro ecoou/ Formando na área o maior reboliço/ A moçada gritava que o bicho pegou/ O mané de boresta na boca do lixo ..." (Silva, 1989).

competentíssima da ambiguidade. Por sinal, na teoria literária pode-se chamar isso de "polivalência do signo poético".

E, por fim, eu queria focar a *estrutura* de "As caravanas". Eu tinha dito que a alusão ao romance *O estrangeiro*, de Camus, é um ponto de inflexão na canção. A primeira parte do texto (até o verso 20) diz respeito a uma realidade tensionada, conflagrada, que revela um conflito do presente. Mas, a partir da estrofe 4, que se situa no meio da canção e que, como eu disse, alude ao assassinato de um muçulmano, há uma clivagem no corpo do poema; o estilo muda, o tom se altera.

Com efeito, a razão começa a bascular. Não se enxerga aquilo que está diante dos olhos, que, junto com a razão, estão embaçados, como diz o verso 24, no centro exato do poema. Nas últimas estrofes, aparecem os termos "zoeira", "doido", "insana", a expressão "ou doido sou eu que escuto vozes" (versos 30 e 43). Esquizofrenia? Ou se poderia pensar que essas vozes escutadas seriam as "Vozes d'África",[14] do poema de Castro Alves?

Na sequência, o que vai dominar é a denegação: "Não há gente tão insana/ Nem caravana/ Nem caravana/ Nem caravana do Arará". *Ao final, num crescendo, insiste-se em negar. É uma denegação*

14 "Deus! ó Deus! onde estás que não respondes?/ Em que mundo, em qu'estrela tu t'escondes/ Embuçado nos céus?/ Há dois mil anos te mandei meu grito,/ Que embalde desde então corre o infinito.../ Onde estás, Senhor Deus? ... Hoje em meu sangue a América se nutre/ Condor que transformara-se em abutre,/ Ave da escravidão,/ Ela juntou-se às mais... irmã traidora/ Qual de José os vis irmãos outrora/ Venderam seu irmão.// Basta, Senhor! De teu potente braço/ Role através dos astros e do espaço/ Perdão p'ra os crimes meus!/ Há dois mil anos eu soluço um grito.../ escuta o brado meu lá no infinito,/ Meu Deus! Senhor, meu Deus!..." (Alves, 1868).

por parte do brasileiro comum, mas é também uma denegação institucional,[15] que beira a insanidade.

Estigmatizados pelo nosso passado escravocrata, nos recusamos a enxergar a situação presente, olhos e razão embaçados. No entanto, a coisa vige no presente, e o que não é enxergado é atuado. O verso "Tem que bater, tem que matar, engrossa a gritaria" tanto diz respeito aos castigos corporais da época da escravidão, quanto aos linchamentos e assassinatos de hoje. A "zoeira dentro da prisão" remete aos navios negreiros, mas a contiguidade com "crioulos empilhados" diz também respeito ao sistema prisional brasileiro da atualidade.[16] Mais uma vez, condensação, ambiguidade, e genialidade.

Verifica-se uma ruptura do tecido social desse povo que, tanto individual quanto coletiva e institucionalmente, não se dá conta de sua origem e não presta contas à sua história.

Eu tinha falado mais acima em *clivagem* no texto da canção "As caravanas". No âmbito da mineralogia, clivagem é a propriedade que têm certos minerais, certos cristais, de se fragmentarem segundo sua estrutura, segundo um determinado plano regido pela

---

15 Jair Messias Bolsonaro, ainda como candidato em campanha para as eleições presidenciais de 2018, expôs como uma de suas plataformas de governo o não reconhecimento de terras quilombolas, ocasião em que disse que os ex-escravos pesavam arrobas e que não serviam nem para procriar (Veja, 2017). Foi eleito presidente da República. Depois de eleito, nomeou para presidir a Fundação Cultural Palmares um indivíduo que declarou que a escravidão foi benéfica para os negros, eles é que se vitimizam. Reações provocadas por essa declaração levaram a um afastamento na cúpula da Fundação, mas logo Sérgio Camargo foi reconduzido ao cargo, de onde continua a atacar a figura de Zumbi, pregando que o movimento negro deva ser extinto e defendendo a tese de que não há racismo no Brasil (Brasil de Fato, 2020).

16 Em 15 anos, a proporção de negros no sistema carcerário cresceu 14%, enquanto a de brancos diminuiu 19%. Hoje, de cada três presos, dois são negros (Brasil 247, 2020).

sua estrutura. Pois bem, uma clivagem está presente na sociedade brasileira, estruturada nessa relação senhor-escravo.

E, aqui, vem um último tópos em que eu gostaria de insistir: o fato de essa clivagem no corpo do poema corresponder à clivagem no corpo da nação. Estamos vendo nesse texto concretizada aquela ideia de Antonio Candido, que diz respeito às relações entre literatura e sociedade. Trata-se do postulado do "externo" que se torna "interno". Aquilo que está no nível externo, quer dizer, o social, tornou-se interno, elemento integrante da estrutura da obra.

Faltou dizer que a reprodução de um dado fundamental da sociedade no nível formal de uma obra, na sua estrutura, acontece nos grandes textos, dos grandes autores. Com efeito, a poesia-resistência desse "poeta social" de poderosa coerência que é Chico Buarque acontece num encontro – que é a sua marca – de uma postura ética com uma esplêndida elaboração estética.

Observe-se que vários dos comentários referenciados nas notas de rodapé dizem respeito a fatos que aconteceram também posteriormente à produção de "As caravanas", o que vem a comprovar, reitero, o quanto essa canção nomeia uma realidade brasileira estrutural em processo – que se iniciou no passado, vem se desdobrando e ganhando escala no presente e, desgraçadamente, se ampliará no futuro, se não houver uma ação efetiva.

E eu gostaria de terminar reafirmando que, para mim, não há diferenças fundamentais entre a interpretação psicanalítica e a interpretação literária de um texto, e que ambas convergem na busca de uma leitura do humano e do social.

Referências

Alusão. (1958). In *Caldas Aulete: dicionário contemporâneo da língua portuguesa* (Vol. 1). Delta.

Alves, C. (1868). *Vozes d'África.* https://bit.ly/3GRRlIB

Bosi, A. (1977). *O ser e o tempo da poesia.* Cultrix.

Brasil 247. (2020, 19 de outubro). Racismo estrutural: proporção de negros nas prisões cresce 14% em 15 anos, enquanto a de brancos cai 19%. *Brasil 247.* https://bit.ly/3sshhoR

Brasil de Fato. (2020, 3 de junho). Presidente da Fundação Palmares chama movimento negro de "escória maldita". *Brasil de Fato.* https://bit.ly/3Lo3FUb

Buarque, C. (2017). As caravanas [Música]. In *Caravanas.* Biscoito Fino. https://bit.ly/34uQvEn

Camus, A. (1942). *O estrangeiro.* Edições Livros do Brasil-Lisboa.

Correio Braziliense. (2008, 14 de maio). Estudo do Ipea diz que população negra deve se igualar à branca. *Correio Braziliense.* https://bit.ly/34v20vl

Ferreira, L. (2021, 31 de agosto). Atlas: negros têm 2,6 vezes mais risco de serem assassinados no Brasil. *Uol.* https://bit.ly/3L-mXxLN

Francisco, D. (2003). Arrastão midiático e racismo no Rio de Janeiro [Apresentação de trabalho]. *XXVI Congresso Anual em Ciência da Comunicação*, Belo Horizonte. https://bit.ly/3gD4CtL

Gomes, L. (2019). *A escravidão*: do primeiro leilão de cativos em Portugal até a morte de Zumbi dos Palmares (Vol. 1). Globo Livros.

Heringer, C. & Barros, R. (2015, 24 de agosto). PM aborda ônibus e recolhe adolescentes a caminho das praias da Zona Sul do Rio. *Extra*. https://glo.bo/3rATBzs

JBr. (2016, 8 de junho). Relatório aponta que a cada 23 minutos um jovem negro é assassinado no Brasil. *Jornal de Brasília*. https://bit.ly/3uHUNCW

José, F. (2017, 23 de agosto). Complexo da Penha: como tudo começou. *Voz das Comunidades*. https://bit.ly/3HHBTzF

Jucá, B. (2019, 10 de maio). Doze militares são denunciados por fuzilamento de músico e catador no Rio. *El País*. https://bit.ly/3oxAyUE

Maia, D. (2019, 3 de setembro). Adolescente é despido, amordaçado e chicoteado por furtar chocolate. *Folha de S. Paulo*. https://bit.ly/3LpDYmn

Oliveira, C. & Betim, F. (2021, 7 de maio). Mortos na chacina do Jacarezinho sobem para 28. Ao menos 13 não eram investigados na operação. *El País*. https://bit.ly/3BaUKAH

Pauluze, T. & Nogueira, I. (2019, 8 de abril). Exército dispara 80 tiros em carro de família no Rio e mata músico. *Folha de S. Paulo*. https://bit.ly/3smq2Ri

Redenbacher, W. (1890). *Lesebuch der Weltgeschichte oder Die Geschichte der Menschheit*. Calw & Stuttgart.

Reis, W. (2020a, 14 de agosto). Jacarezinho: a história da favela mais negra do Rio de Janeiro. *Veja Rio*. https://bit.ly/3HFjjZf

Reis, W. (2020b, 9 de julho). Vila Cruzeiro: um legado da cultura negra no Rio. *Veja Rio*. https://bit.ly/3rDCw83

Ribeiro, L. M. P. (2011). Negros islâmicos no Brasil escravocrata. *Revista USP*, (91), 139-152.

Ricoeur, P. (1977). *Da interpretação*: ensaio sobre Freud. Imago.

Said, E. (2018). *Orientalismo*: o Oriente como invenção do Ocidente. Companhia das Letras.

Silva, B. (1989). É o bicho, é o bicho [Música]. In *Se não fosse o samba*. Sony. https://bit.ly/3gCJMdO

Spitzer, L. (1968). Linguística e historia literaria. In L. Spitzer, *Linguística e historia literaria*. Gredos.

Starobinski, J. (1970). Leo Spitzer et la lecture stylistique. In L. Spitzer, *Études de style*. Gallimard.

Torquato, C. & Castilho, R. S. (2021). Um retrato da exclusão social da praia na música "As caravanas" de Chico Buarque. *Jus*. https://bit.ly/3LomAhw

Vaz, C. (2021, 14 de março). Marielle Franco: três anos de saudade na Maré. *O Cidadão do Bairro Maré*. https://bit.ly/3gyrzhN

Veja. (2017, 6 de abril). Bolsonaro é acusado de racismo por frase em palestra na Hebraica. *Veja*. https://bit.ly/3rBIwy3

Lygia Amaral
Melanie Klein
1951 IPA International Congress at Amsterdam

CDM-SBPSP

Uma compreensão da oposição finito-infinito proposta por Bion, à luz da reciprocidade estética entre libido elegíaca e libido sensual[1]

Luiz Carlos Uchôa Junqueira Filho,[2] São Paulo

Impõe-se, de início, a observação de que no mundo psicanalítico existe um consenso, remontando a Freud, de que Shakespeare, parafraseando Shelley, teria sido o "primeiro psicanalista desconhecido do mundo". Esse reconhecimento ora é explícito, casos de Bion e Lacan ecoando Freud, ora é implícito, caso de Goethe, que dedica uma grande parte do seu magnífico *Os anos de aprendizado de Wilhelm Meister* a Hamlet.

A seguir, faz-se necessária uma explicação daquilo que eu entendo sobre a ideia de reciprocidade estética no contexto desta apresentação: trata-se daquele *frisson*, ou vertigem, que acompanha

1 Trabalho apresentado na Mesa "Psicanálise e literatura", em 11 de setembro de 2021, por ocasião da comemoração dos 70 anos da Sociedade Brasileira de Psicanálise de São Paulo (SBPSP).

2 Membro efetivo e analista didata da Sociedade Brasileira de Psicanálise de São Paulo (SBPSP). mr.junqueira@uol.com.br

a ascensão e a queda ou, mais especificamente, os movimentos arrebatadores em direção ao infinito, em contraste com os trajetos traumaticamente coartados pela finitude. Não esqueçamos, porém, que o conceito proposto por Meltzer foi lapidado pela plasticidade psicoartística de Meg Harris Williams (2010, p. 166) ao nos lembrar de que o psicanalista precisa usar palavras afiadas como os poetas que nascem da ausculta sensível do ponto de dor mental, a partir do qual as palavras encontrarão seus trajetos naturais, geradores de reciprocidade estética. A beleza de toda "ideia subjacente" surge na mente do bebê, em forma de um símbolo que deverá ser devolvido a seu criador, configurando o estado de "reciprocidade estética" (Williams, 2010, pp. 657-668).

Por último, uma palavra sobre aquilo que denominei de "libido elegíaca", o lamento de um pai/mãe ao defrontar-se com o túmulo de um filho morto após uma busca exaustiva: essa condição, essencial ao trabalho de luto, nos evoca o único beijo da *Ilíada*, aquele que Príamo deu na mão de Aquiles, para solicitar a liberação do cadáver de Heitor, visando sepultá-lo condignamente. Quanto à libido sensual, eu nada teria a acrescentar àquilo que a psicanálise vem investigando desde Freud.

Confesso que, a partir de agora, minha comunicação esbarra numa séria dificuldade epistemológica resumida por Bion, ao dizer que a única vivência que coloca o ser humano em contato com sua verdade última é quando ele se entrega ao turbilhão do "amor apaixonado", exigindo do psicanalista recursos representativos que ele, não sendo artista, não possui. Para mitigar essa limitação (ou se preferirmos, sua finitude), Bion nunca teve pruridos em tomar emprestadas as representações de todos os campos do conhecimento, a começar pela literatura poética. Amparo-me nesse exemplo para reproduzir, sem qualquer culpa, trechos de duas obras-primas que, surpreendentemente, são pouco conhecidas em nosso meio;

com essa ajuda, pretendo ilustrar não só as proposições do título, mas também explicitar que a beleza da arte consiste em fornecer um continente para facetas feias ou intoleráveis da vida mental, depurando-as de seus aspectos assustadores.

Vassili Grossman (1905-1964), judeu ucraniano, é reconhecido como uma das maiores figuras literárias do século XX. Em sua obra-prima *Vida e destino* encontramos impactantes relatos sobre o Holocausto e a participação soviética na Segunda Guerra Mundial, sendo considerada uma *Guerra e paz* contemporânea. Acompanharemos os sofrimentos de uma de suas principais personagens, Liudimila Nikoláievina, que perdera contato com seu filho Anatoli (Tólia), que sumira durante a guerra. Mas, recebendo uma carta do Exército, ela:

> *Entrou no quarto com passos largos e, aproximando o envelope da luz, arrancou a ponta do papel grosseiro.*
>
> *Por um instante, teve a impressão de que estava caindo do envelope uma fotografia de Tólia - pequerrucho, quando ainda não sustentava a cabeça, pelado, no travesseiro, com as perninhas de urso para o ar e os lábios salientes.*
>
> *De um jeito aparentemente incompreensível, mesmo sem prestar atenção às palavras, mas apenas absorta e fissurada na letra bonita do funcionário pouco ilustrado que havia escrito aquelas linhas, ela conseguiu entender: está vivo, ele vive!*
>
> *Leu que Tólia tinha sido gravemente ferido no peito e no quadril, perdera muito sangue, estava fraco, não conseguia escrever, tinha febre havia quatro semanas... Mas*

> *as lágrimas que lhe cobriam os olhos eram de alegria, tão grande havia sido seu desespero momentos antes.*
>
> *Se Tólia morrer, ela pensou, seu pai não vai ficar sabendo; sabe-se lá em que campo de prisioneiros procurá-lo, pois talvez já tenha morrido há tempos... (Grossman, 2014, p. 81)*

O fato, porém, é que Liudimila conseguiu ser informada que o filho deveria ser submetido a uma delicada cirurgia: chegando ao hospital uma semana depois, soube que Tólia não resistira à operação e, seguindo o protocolo do hospital militar, já tinha sido enterrado sem caixão em lugar só localizado por tabuletas rústicas, onde os nomes eram escritos com tinta precária que sumia com a primeira chuva.

Constrangido diante do sofrimento maternal de Liudimila, o Comissário Hospitalar lhe indaga se teria algum pedido à Direção, e ela, incontinente, solicita que lhe indicassem o local do sepultamento; que lhe permitissem levar os pertences do filho como lembrança; e que distribuíssem aos pacientes os presentes que havia trazido para ele.

Chegamos ao momento em que Grossman descreve o encontro pungente da mãe enlutada com a sepultura do filho e que, a meu ver, configura a vivência emocional que eu denominei de "libido elegíaca":

> *Liudimila Nikoláievna foi até o montinho da sepultura e leu na tabuleta o nome e a patente militar de seu filho.*
>
> *Sentiu com clareza os cabelos se mexendo debaixo do lenço, os dedos gélidos de alguém bulindo com eles. ...*

Finalmente tinha encontrado Tólia. Muitas vezes tentara adivinhar onde ele estava, o que fazia e em quem pensava: será que seu pequeno estava cochilando, apoiado na parede de uma trincheira, ou caminhando por alguma trilha, ou tomando uns goles de chá, segurando a caneca em uma das mãos e o torrão de açúcar na outra, ou correndo por um campo debaixo de bombardeio... Ela queria estar perto, ele precisava dela; ela ia colocar chá na sua caneca, ia dizer "coma mais pão", ia tirar sua bota e lavar o pé machucado, ia lhe colocar cachecol no pescoço... E todo dia ele sumia, e ela não conseguia encontrá-lo. Agora o tinha encontrado, mas ele não precisava mais dela. ...

O vivo se transformara em sem vida. De vivo, no mundo inteiro, só havia Tólia. Mas que silêncio ao redor. Será que ele já sabia que ela tinha chegado...

Liudimila ficou de joelhos, suavemente, para não perturbar o filho, endireitou a tabuleta com seu nome; ele sempre se zangava quando ela endireitava a gola do seu agasalho ao levá-lo para a escola.

- Olha como eu cheguei, e você achava que mamãe não vinha.

Falava a meia voz, temendo que as pessoas do cemitério a ouvissem. ...

Que silêncio.

Falava com o filho, lembrando-se de detalhes de sua vida passada, e essas lembranças, que existiam apenas na sua consciência, enchiam o espaço com vozes de crianças, lágrimas, o farfalhar de livros ilustrados, a batida da colher na beira de um prato branco, o zumbido dos aparelhos de rádio de fabricação caseira, o ranger dos esquis, o zunir das canoas nas represas das dachas, o rumor do papel de bala, visões fugidias do rosto, do ombro e do peito do menino.

As lágrimas dele, os desgostos, seus atos bons e maus tinham sido vivificados pelo desespero dela, e existiam, proeminentes, palpáveis.

Tomavam conta dela não as lembranças do passado, mas as inquietudes da vida cotidiana.

Para que ficar lendo a noite inteira com essa luz horrível, o que é isso, começara a usar óculos tão jovem...

E agora ele jazia com uma camisa leve de chita, descalço, quase como se não estivesse vestido, e a terra estava bem gelada, e de noite fazia um frio de rachar.

Inesperadamente começou a escorrer sangue do nariz de Liudimila. Seu lenço ficou pesado, todo empapado. A cabeça girava, os olhos escureciam, e por um breve instante parecia que ela ia perder a consciência. Semicerrou os olhos e, ao reabri-los, o mundo que tinha trazido à vida por seu sofrimento já desaparecera, e apenas a poeira cinzenta arrastada pelo vento girava sobre as sepulturas ... .

A água da vida, que jorrara por cima do gelo, trazendo Tólia das trevas, tinha desaparecido, sumido, e voltara a se afastar daquele mundo que, por um instante, rompendo os grilhões, quis se tornar real, um mundo criado pelo desespero da mãe. Seu desespero, à semelhança de Deus, havia levantado o tenente da tumba e povoado o espaço com novas estrelas.

Nesses minutos que tinham acabado de passar, só ele vivia no mundo, e todo o resto existia graças a ele. ...

Ela ergueu o lenço empapado de sangue até os olhos secos. Sentia que seu rosto estava manchado de sangue e se sentou, curvando-se, resignando-se, fazendo contra a vontade os primeiros e pequenos movimentos no sentido de se conscientizar de que Tólia não mais existia.

As pessoas no hospital tinham se surpreendido com a sua calma, com as suas respostas. ... Seu sentimento pelo filho era tão forte que o poder do fato consumado nada podia contra ele: Tólia continuava vivo.

Ela estava louca, mas ninguém via isso. Finalmente encontrara Tólia. Como uma gata que tivesse achado seu filhotinho morto, ela se alegrava e o lambia.

Uma alma pode sofrer por muito tempo, anos e anos, até décadas, antes que lentamente, pedra por pedra, construa a sua sepultura, chegando por si própria ao sentimento da perda eterna, e curvando-se à força da realidade. ...

Meu pobre garoto, meu tímido, desajeitado e bom filhote... Só ele gostava dela, e agora, à noite, no cemitério, só ele estava com ela, ele jamais a abandonaria, e, quando ela fosse uma velha inútil, continuaria a amá-la... Como ele é despreparado para a vida! Nunca pede nada a ninguém, é acanhado e ridículo; a professora diz que virou o bode expiatório da escola. Tiram um sarro dele, fazem-no perder a paciência, e ele acaba chorando como um bebê. Tólia, Tólia, não me deixe só.

Depois nasceu o dia. Um clarão vermelho, mas gelado ardia sobre a estepe do Volga. Um caminhão rugia pela

> *estrada. A loucura se foi. Ela se sentou junto ao túmulo do filho. O corpo de Tólia estava coberto de terra. Ele não mais existia. …*
>
> *Levantou-se, apanhou a carta, sacudiu com as mãos enregeladas as bolas de terra do casaco, limpou-o, poliu os sapatos, esfregou longamente o lenço, até que ele voltasse a ficar branco. Colocou-o na cabeça, usando sua ponta para tirar poeira da sobrancelha e enxugar as manchas de sangue dos lábios e do queixo. Caminhava na direção do portão, sem olhar, nem devagar, nem depressa. (Grossman, 2014, pp. 122-125)*

No final do livro, numa espécie de síntese apoteótica dos destinos da vida, somos presenteados com uma magnífica descrição de uma outra perda "maternal": uma velha senhora que, terminada a guerra, vai visitar as ruínas de sua casa que jaziam anônimas entre os escombros do cerco a Stalingrado. De novo, devolvo a palavra para Grossman descrever-nos metaforicamente a morte de um lar:

> *Para Aleksandra Vladímirovna, era estranho ver essas filas de mulheres, casebres, senhores descarregando tábuas, camisas secando nas cordas, lençóis remendados, meias se enroscando como serpentes, cartazes colados em paredes mortas …*
>
> *Stalingrado estava destinada a determinar a filosofia da história e os sistemas sociais do futuro. …*
>
> *A parede de sua casa que dava para rua estava de pé, e, através das janelas abertas, Aleksandra Vladímirovna viu com os olhos decrépitos e cansados seu quarto, reconhecendo a pintura desbotada azul-celeste e verde.*

> *Mas os quartos não tinham chão, não tinham teto, não havia escadas para subir. ...*
>
> *Com uma força dilacerante e esmagadora, sentiu sua vida, suas filhas, o filho infeliz, o neto Serioja, suas perdas irremediáveis, sua desamparada cabeça grisalha. Uma mulher fraca, doente, de casaco puído e sapatos gastos contemplava as ruínas da sua casa. ...*
>
> *Pois também ela, uma velha, vivia sempre esperando o bem, acreditando, temendo o mal, cheia de preocupação pelos vivos, sem diferenciar entre eles e os mortos, estava de pé, olhando para as ruínas de sua casa, admirando o céu primaveril mesmo sem saber por que o admirava ... [pensando] que apenas o destino tem o direito de recompensar e castigar, alçar à glória e mergulhar na miséria, e reduzir um homem ao pó do campo de prisioneiros, nem o destino do mundo, nem o fado da história, nem o fado da ira do Estado, nem a glória nem a infâmia da batalha modificam aqueles que se chamam seres humanos. (2014, pp. 666-668)*

Apresentados a essa narrativa decantatória, daquele que muitos consideram o luto mais doloroso, passaremos agora a uma narrativa plena de sobressaltos, ao descrever a faísca que incendiou um caldeirão endogâmico. Nosso referente será o brilhante livro de Lúcio Cardoso (1912-1968), *Crônica da casa assassinada*, que descreve a história de Nina, uma fêmea ambiciosa e recalcada, mas emocionalmente sensível, que luta leoninamente para se desvencilhar das amarras que a impedem de experimentar a humanidade plena de uma mulher.

Essa obra, editada em 1959, consta já com várias reedições, sendo que a última acaba de sair. Algumas frases de seu autor já mostram com quem estamos lidando: "Não sou um escritor, sou uma atmosfera"; "Todas as paixões me pervertem, todas as paixões me convertem"; "Sou da raça dos que se alimentam de venenos"; "Escrever é um modo de agonizar de olhos abertos".

Para fazermos jus ao conjunto de ensinamentos psicanalíticos que ela nos oferece, teríamos que dispor de um espaço alentado. Por isso, escolhi como exemplo de paixão que perverte e converte aquela que está na raiz da psicanálise, ou seja, o incesto. Ao fazê-lo, estou plenamente cônscio da artificialidade desse recorte, já que o livro transcende de muito esse tema tão delicado; espero que esta apresentação sirva de estímulo para que todos que não conhecem essa obra tão importante para nós se interessem por ela.

Sem qualquer pretensão de abrangência, elaborei para meu uso pessoal um resumo dos tópicos que nos dão uma pálida ideia da trajetória vital de Nina:

- Abandonada pela mãe desde tenra infância, viveu precocemente a orfandade do seio.
- Criada pelo pai e paparicada por um Coronel seu amigo, acabou vítima de um paternalismo ora pervertido, ora ilusório, ora autêntico.
- Anonimamente infeliz no Rio de Janeiro, foi dali "sequestrada" por um macho mimado e *bon vivant*, que dela se apaixonou à primeira vista.
- Dali, foi transplantada para o interior de Minas Gerais e encerrada num ninho endogâmico intoxicado pela decadência moral e material de uma família que sobrevivia pelas migalhas de um passado glorioso.
- Nessa altura, ela já reconhecera há tempo ser a sedução sua principal arma de sobrevivência.

- Nesse contexto, poderíamos conjeturar que seu inconsciente teria maquinado uma estratégia salvadora: gerar uma criatura que lhe fosse redentoramente aliada.
- Como epílogo, temos a narrativa dos conflitos ético-morais enfrentados por um "seio libertário" na confrontação com a figura composta por Pai-Coronel-Marido e Filho.

A "casa assassinada" do título albergava os seguintes personagens:

1. Demétrio, o irmão mais velho, e Ana, sua infeliz e submissa esposa.
2. Valdo, seu irmão quem, apaixonando-se por Nina, administra sua presença/ausência dentro da família Meneses.
3. André, filho de Nina e Valdo, gerado no Solar, nascido no Rio, educado no Solar, mas separado da mãe por 15 anos.
4. Timóteo, irmão mais novo dos Meneses, um travesti assumido, trancafiado num quarto para abafar a vergonha que representava para a família, mas crítico ferino de suas mazelas.
5. Betty, a antiga governanta, figura diplomática e maternal empenhada em apaziguar os conflitos do Solar.
6. Alberto, jovem jardineiro, figura bucólica enredada nos transbordamentos da sexualidade reprimida.
7. E, como figuras externas, um médico, um farmacêutico e um padre.

Selecionei alguns trechos do episódio do incesto, na expectativa de suavizar a longa abstinência a que nós psicanalistas nos submetemos, ao nos ater à mera informação de que Édipo se casou com Jocasta, e ponto-final.

Em nosso caso, após a longa separação, Nina retorna ao Solar e fica encantada com o belo rapaz que era seu filho e, na primeira oportunidade, lhe promete em segredo ir a seu quarto para conversarem. Acompanhemos o relato de André em seu diário:

> *Um frêmito de amor apossou-se de mim àquelas simples palavras. Apertei sua mão mais fortemente ainda, como se temesse vê-la escapar à promessa que acabara de fazer.*
>
> *– Não deixe de ir - implorei. Ficarei toda a noite a sua espera.*
>
> *Ela desprendeu-se de mim, dando-me um ligeiro tapa no rosto, e aquele gesto, pela sua grande intimidade, pelo jeito infantil com que parecia me considerar, arrastou-me de novo ao mau humor que me dominava desde sua chegada. Mas não tive tempo de replicar, pois meu pai terminara a música que tocava no piano e voltava-se para nós.*
>
> *– Ah, Valdo - disse ela -, como você ainda toca bem! Essas coisas me lembram um tempo inesquecível.*
>
> *Seu tom de voz era tão significativo, tão intencional, que não pude deixar de estremecer - mentira ou não, de que estranhos recursos de malícia e fingimento aquela mulher era dotada, como sabia de um simples detalhe, de um olhar, de uma palavra sem importância, compor a atmosfera precisa de um engano! ...*
>
> *Mas ela veio e, antes que qualquer palavra fosse pronunciada, como através de uma janela subitamente aberta, o cheiro do seu perfume predileto veio até mim ...*

Ela sentou-se ao meu lado e tomou-me as mãos - senti o peso do corpo que tocava o meu, a carícia da seda contra minha carne, o calor que vinha dos seus seios. Por quanto tempo poderia eu permanecer assim, as mãos febris entre as suas, enquanto nossos olhos brilhantes, procuravam-se nas trevas? ...

Apesar dos meus dezesseis anos, confesso que era a primeira vez que uma mulher chegava tão próximo à minha pessoa. Muitas vezes, quando fora à cidade seguia com olhos vagabundos e sonhadores as mocinhas transitando pela rua. Meu tio comentou: "Ah, você já repara nas mulheres! Um dia desses será preciso conhecê-las de perto..." Ao meu lado achava-se aquela que até o momento eu conhecera embriagadoramente de mais perto, aquela mãe que era uma estranha para mim, e que sozinha, como um fato inédito, assumia aos meus olhos todo o inebriante fascínio das mulheres ...

Agora, paralisado, nada podia fazer senão acompanhar com angústia os gemidos que lhe subiam aos lábios. Afinal, na escuridão, senti apenas que suas mãos se moviam e começavam a percorrer o corpo numa terrível e inesperada carícia. Ah, podia ser que não houvesse nisso nenhuma intenção, que fossem simples gestos mecânicos, possivelmente a lembrança de uma mãe carinhosa - que sabia eu das mães e dos seus costumes! - mas a verdade é que não podia refrear meus sentimentos e estremecia até o fundo do ser, desperto por uma agônica e espasmódica sensação de gozo e de aniquilamento. Não, por mais que eu repetisse "é minha mãe, não devo fazer isto", e imaginasse que era assim que todas elas procediam com os filhos, não podia fugir à embriaguez de seu perfume, nem à força de sua presença feminina. Era eu, era os meus dezesseis anos em fúria que acordavam àqueles simples gestos de mulher. Tudo o que eu podia supor como atributo de uma fêmea, sua irradiação morna, seu contato macio e atraente, seu cheiro de carne e de segredos conjugados, ali se encontrava junto a mim, e a mãe que durante dezesseis anos eu não conhecera em vão invocava naquele instante, em vão repetia o seu nome, e dizia-lhe a responsabilidade e o respeito, a ternura e a veneração - cego, perdido, tudo se aniquilava no fundo do meu ser arrepiado e em confusão. Os dedos iam e vinham e eu, tenso, esforçava-me ao seu lado para não submergir definitivamente, quando ela, atraindo-me, colocou minha cabeça sobre o seu seio ...

Pobre Nina, ainda aqui não havia em sua personalidade senão instinto: no esforço de submeter - o que era para ela como a própria vida - atravessava fronteiras e atingia em cheio o proibido. Não sei então o que se passou, mas uma total obscuridade se fez em meu pensamento e, levado por uma força que não conseguia reprimir, ergui a cabeça e beijei-a entre os seios - não um simples beijo, mas uma mordida quase, um beijo furioso, perdido, mortal, como só o podem dar os adolescentes feridos de improviso pela descoberta do amor. Ela o aceitou e não fez nenhum movimento, como se se tratasse apenas da homenagem um pouco mais ardente de um filho ...

Ainda não pude enxergá-lo - disse-me com voz um pouco insegura e que não era comum às atitudes sem dubiedade. - Acenda a luz, quero vê-lo no claro. A claridade inundou o quarto pelo seu simples olhar - um peito turvo, uma expressão de oferta - percebi que ela sabia tudo, e que ambos enveredávamos por um caminho que não era mais o da inocência. (Cardoso, 1959/2021, pp. 195-203)

Entremeados no meio desse turbilhão emocional, podemos pinçar testemunhos de André onde se reconhecem ecos da pre-concepção do seio. Vejamos:

Aproximava-se a hora em que não haveria mais nenhuma barreira, nenhum juramento, e eu poderia satisfazer completamente a minha curiosidade. Que digo eu? A minha paixão. Quando estivéssemos a sós, e sem dúvida chegaria esse momento inefável, diria como a conhecia há muito, e como sempre percebera sua presença circular em torno de mim. (Cardoso, 1959/2021, p. 226)

– Torne a me chamar de Nina - pediu ela em voz baixa.

E eu repeti: Nina. Não sei por que aquilo me fez sentir como se fosse a repetição de uma cena antiga, e outra boca soprasse através da minha o som daquela voz. (Cardoso, 1959/2021, p. 280)

No capítulo 26 do livro, temos uma descrição emocionante da epifania sexual cuja apreciação requer, a meu ver, o clima intimista de uma entrega estética, algo que transcende esta nossa apresentação. No entanto, não conseguiria terminá-la sem reproduzir um pequeno trecho desse clímax existencial:

Inclinando-me, senti que ela se achava tão junto a mim que bastava voltar a cabeça para tocar-lhe o rosto. Foi

> *o que fiz, e nossos lábios se uniram de novo. Decerto um lado da minha consciência permanecia em sombra, se bem que eu sentisse como uma carga presente, mas intocável - e de que valiam naquele momento os restos de consciência que me sobravam, se pela primeira vez tinha diante de mim, palpitante e submisso, aquele corpo que em segredo eu tanto desejara? ... Ah, e nem posso dizer que não tremesse e não suasse ante a extensão do meu pecado, pois repetindo mil e mil vezes que afagava e mordia a carne que me concebera, ao mesmo tempo encontrava nisto um prazer estranho e mortal, e era como se debruçasse sobre mim mesmo, e tendo sido o mais solitário dos seres, agora me desfizesse sobre um enredado de perfume e de nervos que era eu mesmo, minha imagem mais fiel, minha consciência e meu inferno. (Cardoso, 1959/2021, p. 283)*

A dramaticidade dessa confusão entre Céu e Inferno nos evoca a advertência de Bion de que a função do "*establishment* psicanalítico" é facultar ao indivíduo a consciência da existência de um abismo entre si mesmo (seu *self* idealizado, superegoicizado) e si mesmo (seu self pecaminoso e não analisado). Essa consciência, porém, alteraria o acesso que ele teria com Deus: o Deus com o qual ele estivera familiarizado era finito, mas o Deus de quem ele agora está separado é transcendente e infinito (1970, pp. 75-76).

O "*establishment* literário", na pessoa de Cervantes, já se antecipara a essa percepção ao contrastar o amor platônico de Dom Quixote por Dulcineia, com seu amor "profano" por Sancho, como nos sugere Unamuno:

> *O fim do homem é a humanidade individualizada: Deus é o ideal da humanidade, o homem projetado no infinito e nele eternizado. Não consideremos o antropocentrismo como erro. Não dizemos que uma esfera infinita tem o centro em todas as partes e que, o centro, para cada um de nós, está em nosso interior? Mas ele não opera se não for polarizado, ou seja, descentralizado. E como descentralizar-se, a não ser inclinando-se a um semelhante? Todas as maravilhas foram produzidas pelo amor de homem a homem e de homem a mulher. (2017, p. 280)*

Espero que, com esses exemplos, possamos entender que a perda de um filho talvez represente a finitude extrema, enquanto o arrebatamento propiciado pela mescla explosiva da libido genital com a libido oral possa gerar um estado de expansão infinita.

Referências

Bion, W. R. (1970). *Attention and Interpretation*. Tavistock.

Cardoso, L. (2021). *Crônica da casa assassinada*. Companhia das Letras. (Trabalho original publicado em 1959)

Goethe, J. W. (2019). *Os anos de aprendizado de Wilhelm Meister* (2.ª ed.). Ed. 34.

Grossman, V. (2014). *Vida e destino* (I. F. Perpetuo, Trad.). Alfaguara.

Unamuno, M. (2017). *Vida de Don Quijote y Sancho*. Cátedra.

Williams, M. H. (2010). *The Aesthetic Development*. Karnac.

Psicanálise e ciência

Sociedade Brasileira de Psicanálise de São Paulo, 70 Anos!

Darcy Antônio Portolese,[1] *São Paulo*

Ao comemorarmos os 70 anos da existência da nossa cara Sociedade Brasileira de Psicanálise de São Paulo, temos a agradecer inicialmente tudo aquilo que dela recebemos.

A questão da psicanálise enquanto ciência, ou a transformação envolvida no processo de se fazer da psicanálise uma ciência, permanece nos ocupando, como ocupou Freud nos seus primórdios.

Na Conferência xxxv, de 1933, "A questão de uma *weltanschauung*" (termo que pode ser traduzido como cosmovisão), Freud aponta que a psicanálise promove uma mudança de vértice quanto ao intelecto e à mente. O ser humano passa de pesquisador a objeto de pesquisa. A mente humana, que analisava o fenômeno agora é o fenômeno a ser analisado. Essa é a grande contribuição da psicanálise à ciência, sem a qual ela estaria incompleta.

Recentemente comentei o trabalho de um colega e amigo, Sérgio Kaio, de Curitiba, ilustrado pela narrativa do filme *O nome da*

---

1 Membro efetivo e analista didata da Sociedade Brasileira de Psicanálise de São Paulo (SBPSP). darcyportolese@gmail.com

rosa (1986), de Jean-Jacques Annaud. O filme é uma adaptação do romance homônimo de Umberto Eco (1980). É a história de uma obstinada busca pelo esclarecimento dos mistérios que envolvia uma abadia governada por defensores do catolicismo da era medieval e do período inquisitório. Um importante símbolo do filme está contido no conflito entre a tradição e a cultura antigas que sofrem ameaças ("estão morrendo") e uma nova que está irrompendo, citando o comentário de Kaio.

O nome da rosa se desenrola no século XIV, portanto, idade média tardia, já no ocaso do mundo medieval, com todos os conflitos sociais, religiosos, políticos e culturais próprios que marcaram aquele período – o fim de uma era do mundo e o início de outra.

Penso no personagem Guilherme de Baskerville – o frei franciscano representa o pesquisador no romance – que vai investigando a morte de vários frades que misteriosamente desaparecem. Ou seja, o representante da corrente investigativa. Ele nota dados comuns, como a cor da língua daqueles que haviam tido contato com o livro dos prazeres. A cor roxa da língua se torna uma invariante no processo de desvendar as causas dos crimes.

O personagem Guilherme de Baskerville refere-se ao filósofo inglês Guilherme de Ockham, portanto, personaliza o início do conhecimento científico. Seu método evidencia o despertar do pensamento científico. Surge também o personagem Bernard de Gui, o inquisidor franciscano, como representante da Inquisição.

A posição filosófica de Guilherme de Baskerville remete à aurora do mundo moderno (fim da idade média) e aos primórdios do paradigma da ciência que poria fim ao gênero canônico dominado pela teologia.

O personagem Jorge de Burgos (venerável Jorge) é uma referência a esse contexto como representante do obscurantismo e do *status quo* compondo o quadro com Bernard de Gui, o Inquisidor franciscano, que tornam-se os guardiões do conservadorismo, num duelo visceral da "ordem conservadora" *versus* Ciência com sua possibilidade de desenvolvimento do Conhecimento.

A transformação paradigmática retratada nessas imagens parece-me representar a forma do analista trabalhar em psicanálise, com base no método psicanalítico criado por Freud, que também introduz o vértice científico na abordagem e investigação dos fenômenos mentais.

Em sua origem, a psicanálise também se desenvolveu em meio a conflitos e turbulências: os conflitos inerentes à própria resistência ao conhecimento científico, assim como as próprias turbulências enfrentadas pelos diferentes grupos psicanalíticos, em suas reuniões em meio aos bombardeios aéreos na segunda guerra, em Londres.

Hoje, aqui estamos nós, vivendo de forma equivalente, momentos de extrema turbulência social e política em que enfrentamos o desafio de preservar e desenvolver nossas conquistas democráticas e científicas a exemplo do século XIV, contra o obscurantismo e o retrocesso do processo histórico social e científico.

Como diretor da Diretoria de Atendimento à Comunidade, quero ressaltar os passos que vêm se desenvolvendo dentro da nossa Sociedade, em direção à integração entre conhecimento científico psicanalítico e a possibilidade de atingir diferentes áreas de vulnerabilidade social da nossa população.

O setor de parcerias e convênios da nossa Sociedade atua em distintas áreas com grande necessidade de atenção emocional. Temos convênio com aproximadamente 10 instituições, tais como: Guarda Civil Metropolitana; Lar das Crianças (com atendimento psicológico, dirigido às crianças que frequentam o Lar e supervisionado pelos professores do CINAPSIA); Defensoria Pública do Estado de

São Paulo; ASA – Associação Santo Agostinho (onde são oferecidos grupos de reflexão para educadores que cuidam de 1400 crianças, adolescentes e idosos em estado de vulnerabilidade); grupos de jovens do Colégio Santa Cruz, e outras instituições.

O Centro de Atendimento Psicanalítico oferece a possibilidade de um tratamento psicanalítico com preços reduzidos, com objetivo de oferecer atendimento em suas várias modalidades à comunidade em geral, assim como corresponder à proposta de compromisso social, estendendo atendimentos clínicos a setores menos favorecidos da população. Realizamos atendimento individual para crianças, adolescentes e adultos, casais, famílias e pais-bebês – uma modalidade de atendimento feita junto com os pais e seus filhos. O Centro de Atendimento Psicanalítico é uma das nossas preciosas vias de comunicação com a comunidade por meio do trabalho clínico.

O setor de Cursos e Jornadas consiste num espaço no qual os colegas podem apresentar cursos ou desenvolver temas que promovam trocas científicas na nossa Instituição. Em relação às Jornadas, penso que devemos intuir e nos informar sobre necessidades de conhecimento e esclarecimentos, que possam agregar benefícios a segmentos da população, com temas que são desenvolvidos no âmbito psicanalítico.

Nosso setor de Análise de Crianças e Adolescentes dispõe de grande experiência, tanto no nível natal como pré-natal.

Assim, podemos verificar uma expansão de projetos comunitários fertilizados pela epistemologia psicanalítica, portanto, hoje temos ações desenvolvidas em diferentes seguimentos sociais, que abrangem desde o colégio Santa Cruz até atingir os interstícios da comunidade de Heliópolis.

Ao assumirmos a Diretoria de Atendimento à Comunidade (DAC), reiteramos nosso compromisso ético e científico com diferentes instâncias da nossa comunidade.

Funcionando como um polo irradiador do método psicanalítico junto à comunidade, seguimos na DAC, o caminho do compromisso social de uma das fundadoras da nossa Sociedade, Virgínia Leone Bicudo, e fazemos parte de um grupo diretor plural, sob a consistente liderança da nossa presidente Carmem C. Mion.

Entendemos que o conhecimento psicanalítico se faz com base na experiência clínica e é de vital importância que tal experiência possa abranger uma clínica ampliada, bem como, reciprocamente, traduzir-se em progresso científico e social.

Frank J. Philips (1906-2004)

CDM-SBPSP

Freud, a psicanálise e a ciência

Oswaldo Giacoia Junior,[1] *São Paulo*

Freud inicia seu *Projeto de uma psicologia* (1895) com uma enfática declaração de princípio, tanto teórico quanto metodológico, que deixa patente a ancoragem nas ciências da natureza da psicologia, cujos lineamentos principais, extraídos de observações clínico-patológicas, ele então esboçava:

> *O propósito deste projeto é fornecer uma Psicologia científico-natural, isto é, apresentar os processos psíquicos como estados quantitativamente determinados de partes materiais passíveis de indicação, e com isso tornar perceptíveis tais processos e livres de contradição. O projeto contém duas ideias principais: 1. compreender aquilo que distingue a atividade do repouso como quantidade submetida à lei universal do movimento (q); 2. considerar os neurônios como partículas materiais. (Freud, 1987, pp. 387-477)*

1 Universidade Estadual de Campinas (UNICAMP)/Pontifícia Universidade Católica do Paraná (PUCPR). ogiacoia@hotmail.com

Nos marcos teóricos desse programa, a parte da psicologia a ser empreendida como psicologia das profundezas, a saber, a psicanálise, deveria ser concebida como uma investigação baseada em conceitos fundamentais e procedimentos metodológicos próprios das ciências da natureza, em particular da física e da fisiologia.

Se, como é sabido, esse projeto sofreu consideráveis modificações na sequência da vida e da obra de Freud, que se esforçou cada vez mais por estabelecer correlações entre causas psicológicas e efeitos igualmente psicológicos, a referência epistemológica de fundo às ciências naturais jamais foi abandonada, razão pela qual se pode afirmar que o capítulo 7 da *Interpretação dos sonhos* modifica inteiramente a base física do projeto de psicologia científica, mas não abandona a tentativa de fazer da psicanálise uma ciência nos moldes das demais ciências naturais, à diferença tanto das cosmovisões metafísico-religiosas como da filosofia. Como parte de uma psicologia científica, a psicanálise estaria alicerçada sobre uma infraestrutura conceitual e metodológica compatível com os requisitos de cientificidade, a despeito de certa dificuldade em relação à experimentação e observação direta, mas fortemente adstrita aos preceitos da racionalidade lógica: objetividade, consistência, observação sistemática, indução, formulação de hipóteses verificáveis, comprovação empírica, estabelecimento de regularidades entre séries de fenômenos, possibilidade de dedução e previsão.

Nas palavras de Freud:

> *O pensamento científico se esforça cuidadosamente para manter afastadas influências afetivas, comprova mais rigorosamente em sua confiabilidade as percepções dos sentidos sobre as quais edifica suas conclusões, cria para si novas percepções, que não podem ser obtidas com os meios usuais, e isola as condições dessas novas*

> *experiências em tentativas deliberadamente variadas. Seu esforço é para alcançar a concordância com a realidade, quer dizer, com o que se mantém fora e independentemente de nós, e que, como a experiência nos ensinou, é determinante para a realização e a frustração de nossos desejos. Esta concordância com o mundo exterior real, nós a chamamos verdade. Ela permanece a meta do trabalho científico, mesmo quando não temos também em vista seu valor prático. (1982b, p. 579)*

Para os propósitos desta comunicação, gostaria de examinar mais detalhadamente algumas passagens especialmente ilustrativas do tema em questão, extraídas de *Totem e tabu*. No prefácio à primeira edição desse livro, Freud esclarece que os quatro ensaios nele reunidos constituíam uma tentativa de fazer a mediação (*vermitteln*) entre os estudiosos de diferentes campos científicos, como a etnologia, a filologia, os estudos do folclore, por um lado, e os psicanalistas, por outro lado. Reconhece expressamente que seu livro não pode oferecer a ambos os lados aquilo de que falta a cada um deles: ao primeiro, uma introdução satisfatória na novidade da técnica psicanalítica; ao outro lado, aquele dos psicanalistas, um domínio suficiente do material que se encontra à espera de tratamento. Ambos os grupos teriam de contentar-se com um estímulo à curiosidade e com a expectativa de que um diálogo mais frequente entre eles não poderia deixar de ser frutífero para a pesquisa (Freud, 1982a, p. 291).

No entanto, essa contida reserva inicial vai sendo progressivamente relaxada no desdobramento da investigação, de modo que, já próximo do encerramento do último ensaio e do próprio livro, Freud acrescenta uma nota de rodapé que encerra enorme valor epistemológico. Nela, Freud afirma que a psicanálise aporta um novo momento na compreensão das origens conhecidas e ainda desconhecidas da religião, da moralidade e da sociedade, uma contribuição naturalmente limitada, já que a completude da explicação só poderia resultar de uma síntese abrangente de resultados combinados, provenientes de diferentes domínios do saber. Entretanto, o ponto de vista da psicanálise não pode figurar como uma das contribuições científicas, situada ao lado das outras e no mesmo plano das demais. Segundo Freud,

> *resulta, porém, da natureza de uma tal contribuição que, numa tal síntese, ela não poderia desempenhar nenhum outro papel que não seja o central, ainda que se exija a superação de grandes resistências afetivas até que lhe seja atribuída tal significação. (1982a, nota 2, p. 440)*

O desempenho desse papel central confere à psicanálise, portanto, uma posição privilegiada, realizando a mediação entre as contribuições específicas de diferentes ciências, como a sociologia, a economia, a história natural, o direito, a etnologia, os estudos da linguagem, a antropologia cultural, folclorística, a psicologia etc. Estatuto e função lastreados nos avanços cognitivos alcançados com as hipóteses heurísticas formuladas ao longo da investigação realizada em *Totem e tabu*, com base num regime sistemático de analogias, que relaciona produtivamente, do ponto de vista de sua constituição e dinâmica, séries de eventos até então isoladas, que são então referidas umas às outras, com apoio em similaridades constatáveis. Com isso, a psicanálise lança luz sobre a gênese da religião e da sociabilidade humana, relacionando o desenvolvimento psíquico do indivíduo àquele da espécie humana, efetuando um trânsito permanente entre a psicologia social e individual, hipóteses filo e ontogenéticas, com lastro na vida anímica de crianças, neuróticos, selvagens – e sonhadores.

A base empírica de tais resultados é fornecida, porém, pela observação clínica psicanalítica, bem como pela interpretação dos avatares da libido individual. Do conjunto obtido pela mediação teórico-psicanalítica emerge uma teoria da cultura – e, mais especificamente, uma interpretação de conjunto da dimensão ético-religiosa do universo simbólico –, que vem a constituir-se como peça importante da metapsicologia, e não apenas um mero subsidiário da psicologia profunda individual. A síntese (*Zusammenhalten*) operada pelo livro entre a *tradução* psicanalítica do totem, o fato da refeição ritual comunitária entre os antigos semitas, tal como descrito por Robertson Smith, a concepção darwiniana da horda primitiva – e a referência de tais hipóteses à interpretação psicanalítica do processo de desenvolvimento da libido individual – tornou possível, segundo Freud, a obtenção de um ganho epistemológico tão considerável quanto surpreendente: a saber, uma reconstituição, no léxico da psicanálise, da gênese das instituições fundamentais da cultura, com apoio em analogias e procedimentos metódicos submetidos a rigoroso controle lógico e observacional, que Michèle Porte (1994) examinou com rigor analítico num exaustivo comentário específico. Trata-se de uma síntese integrativa que viabiliza uma hipótese que, a despeito de parecer fantástica, torna inteligível, a partir de derivações genealógicas, as relações estruturais entre a sociabilidade propriamente humana (os sistemas de parentesco) e as esferas do direito, da moralidade e da religião.

É à luz de tais resultados que se compreende a insistência de Freud em destacar a semelhança entre o procedimento metódico nas ciências da natureza e o decurso de uma *psicoanálise*.

> *O progresso no trabalho científico realiza-se de modo totalmente semelhante ao de uma análise. Trazemos conosco expectativas para o trabalho, mas temos de retê-las. Por meio de observação, experimentamos aqui*

> *e ali algo novo, inicialmente as peças não se ajustam. Fazemos suposições, construções auxiliares, que retiramos quando não se comprovam, precisamos de muita paciência, disposição para todas as possibilidades; renunciamos a convicções anteriores, para não negligenciar, sob a coerção delas, novos momentos inesperados, e, ao final, o grande dispêndio é compensado, os achados dispersos ajustam-se, adquirimos a compreensão de uma parte inteira do acontecer psíquico, concluímos a tarefa e estamos prontos para a próxima. Na análise, só temos de nos privar da ajuda que o experimento proporciona para a pesquisa. (Freud, 1982b, p. 600)*

Além disso, o ganho teórico representado por *Totem e tabu* reforça a inserção da psicanálise na linhagem histórico-cultural do movimento das Luzes, ou seja, destaca sua filiação e até mesmo protagonismo no programa emancipatório e de promoção humana a ser alcançado por meio do progresso da racionalidade científica, com a tecnologia que nela se apoia. Freud pode estar seguro, então, de inserir-se na tradição do Iluminismo do século XVIII e de seus seguidores contemporâneos.

> *Empregando seus poderosos instrumentos diagnósticos, a Psicanálise poderia servir nos* fronts *da razão como o mais interessante, talvez o mais efetivo aliado. Freud pensa que a razão, além da qual não poderia haver nenhum apelo, parecia estar fazendo incursões nos domínios da superstição. Todavia, ele reconheceu que a grande batalha pela Liberdade em relação à fé estava longe da vitória. Uma das autoidentificações de Freud era, portanto, aquela do soldado no valente exército da racionalidade, empunhando as armas que*

> *ele mesmo tinha forjado. Por certo, como Freud insistiu mais de uma vez, a Psicanálise era uma peça da ciência e, portanto, de modo algum tendenciosa. Mas na medida em que o avanço da ciência significava o retrocesso da religião, o progresso na Psicanálise só poderia ajudar a causa da razão, ao tentar tomar de assalto as bem fortificadas cidadelas da desrazão. (Gay, 1989/1995, p. xx)*

Com sua explicação genética das origens da sociedade humana, a psicanálise participa também para o programa do Esclarecimento, uma vez que contribui para a interpretação racional das questões ligadas ao imaginário religioso, para a superação da ignorância, do medo e da superstição, seguindo a marcha evolutiva do entendimento humano, que é coincidente com a própria história das ciências.

> *O animismo é um sistema de pensamento que dá explicação não apenas de um fenômeno isolado, mas permite compreender, a partir de um único ponto, a totalidade do mundo como um único contexto. Se quisermos seguir os autores, a humanidade produziu, no curso dos tempos, três de tais sistemas de pensamento, três grandes cosmovisões: a animista (mitológica), a religiosa e a científica. Entre estas, a criada primeiramente, a do animismo, é talvez a mais consequente, a mais exaustiva; uma cosmovisão que explica a essência do mundo sem deixar resíduo. Esta primeira cosmovisão da humanidade é, pois, uma teoria psicológica. Vai além de nosso propósito mostrar quanto dela é ainda demonstrável no presente, seja desvalorizada em forma de superstição, ou viva como fundamento de nosso falar, crer e filosofar. (Freud, 1982a, p. 366)*

Dos êxitos teóricos e práticos da psicanálise dependerá, então, um avanço considerável no caminho de uma *Weltanschauung* científica, em substituição das falsas cosmovisões metafísicas e religiosas, derrogadas pelo conhecimento objetivo da natureza exterior e da natureza humana. Sendo assim, a contribuição psicanalítica redundaria numa espécie de coroamento do sistema de saber científico, base teórica para uma *Weltanschauung* fundada na ciência, leiga e emancipatória.

> *Se admitimos a anteriormente mencionada história de desenvolvimento das cosmovisões humanas, na qual a fase* animista *é substituída pela* religiosa, *e esta pela* científica, *não se torna difícil para nós perseguir através dessas fases os destinos da "onipotência do pensamento". No estádio animista, o homem atribui a si mesmo a onipotência; no estádio religioso ele a conferiu aos deuses, mas não renunciou seriamente a ela, pois ele conserva para si dirigir os deuses segundo seus desejos por meio de múltiplos influenciamentos. Na cosmovisão científica não há mais nenhum espaço para a onipotência do homem, ele admitiu sua pequenez, e submeteu-se resignadamente à morte, como a todas as outras necessidades naturais. Porém, na confiança no poder do espírito humano, que conta com as leis da realidade efetiva, sobrevive ainda uma parte da crença primitiva na onipotência. (Freud, 1982a, p. 376)*

Por certo, a *Weltanschauung* científica também se autocompreende como sistemática e abrangente, mas não tem a pretensão dogmática de constituir-se como explicação integral e exaustiva do todo do mundo, a partir de um único ponto – a sistematização e a completude visadas são, antes, um ideal de perfeição a ser alcançada numa trajetória infinita, um princípio crítico e regulador. É o que Freud destaca explicitamente, por exemplo a propósito da unificação possível das ciências do homem, e criticando duramente a transformação do marxismo em ideologia pseudocientífica:

> *Se alguém estivesse em condições de demonstrar em cada caso particular como estes diferentes momentos – as disposições pulsionais universais dos seres humanos, suas variações racialmente determinadas, suas transformações culturais sob as condições da inserção na sociedade, da atividade profissional e das possibilidades de aquisição de propriedades –, se alguém pudesse levar a cabo esta tarefa, então poderia conduzir o suplemento do marxismo a uma efetiva ciência da sociedade. Pois também a sociologia – que trata das relações entre os seres humanos em sociedade, não pode ser outra coisa que psicologia aplicada. Tomadas as coisas com rigor, há somente duas ciências: psicologia, pura e aplicada, e ciências da natureza. (Freud, 1982b, p. 605)*

Com esse ambicioso programa científico, estaria garantida a possibilidade de assegurar o conhecimento objetivo da natureza e da sociedade, bem como o progresso da intervenção técnica, com a substituição das fantasias de desejo, do delírio de onipotência e das formações derivadas do desamparo infantil pelo efetivo domínio do deus *Logos*, que, mesmo não sendo onipotente, tem no conhecimento objetivo do real e no sucesso da técnica um título de crédito de valor incomparável: "Nós cremos ser possível ao trabalho científico conhecer algo sobre a realidade do mundo, por meio do que intensificamos nosso poder e orientamos nossa vida" (Freud, 1982d, p. 188). Como afirma, com total razão, Renato Mezan, "a prova de que a ciência oferece um acesso seguro ao real é a tecnologia" (2007, p. 325).

No entanto, Freud sempre esteve também especialmente atento em relação às ilusões do desejo, aos riscos e tentações do dogmatismo epistemológico. Se a filosofia, enquanto cosmovisão, distingue-se essencialmente do saber de tipo científico, esse juízo não se aplica, em Freud, à totalidade da filosofia. Existe uma filosofia que mantém estrita afinidade com a ciência, a filosofia que Freud admira e pratica, a filosofia crítica, como a de Kant, Schopenhauer e Nietzsche, por exemplo. Como crítica do dogmatismo metafísico, a filosofia é útil à psicanálise, e Freud não hesita em recorrer por vezes a ela, como ocorre com frequência em relação a Platão. Nesse sentido, a filosofia exerce um importante papel de fonte de inspiração criativa para o pensamento de Freud, como também o fazem a poesia, a literatura e a arte em geral, cuja presença é abundante em sua obra.

Num exercício autocrítico de reflexão sobre as dificuldades e resistências que a psicanálise enfrenta em seu reconhecimento como disciplina científica, pode-se também constatar como Freud, ao rebater tais objeções, também põe freio aos arroubos do realismo dogmático. Freud observa que tais obstáculos são devidos, em considerável medida, às limitações incontornáveis relativas ao uso da linguagem, e que facilmente poderiam induzir a mal-entendidos e confusões:

> *As dificuldades relativas às nossas hipóteses são devidas ao fato de sermos constrangidos a trabalhar com os termos científicos, isto é, com a linguagem figurativa peculiar à Psicologia (ou, mais precisamente, à Psicologia Profunda). De outra maneira, não poderíamos descrever em geral os processos correspondentes; sim,*

> *nós nem sequer os observaríamos. As deficiências de nossa descrição provavelmente se desapareceriam, se já pudéssemos empregar termos fisiológicos ou químicos, ao invés dos psicológicos. (Freud, 1982c, p. 268)*

Todavia, em complemento e no mesmo fôlego, Freud afirma com a mesma ênfase que mesmo esses termos fisiológicos e químicos "pertencem também apenas a uma linguagem figurativa, mas a uma linguagem que desde muito mais tempo é mais confiável para nós, e que é talvez também uma linguagem mais simples" (1982c, p. 268).

Daí decorre que a linguagem científica – da ciência em geral, mesmo aquela que trabalha com termos fisiológicos, químicos [e talvez mesmo físicos, pode-se acrescentar] – é sempre uma linguagem figurativa, imagética: *Bildersprache*. Seus termini são também *Bildersprache* – mas têm a vantagem de ser mais simples, e de estarmos há muito mais tempo familiarizados com essa linguagem. Num certo sentido, seria talvez impossível renunciar às imagens, figuras, formas linguísticas e categorias que subjazem ao pensamento em geral, mesmo científico – ou seja, renunciar à lógica gramatical de nossa linguagem. Por essa razão, mesmo uma cosmovisão científica não poderia conjurar tais "fantasmas", pois eles se alojam no fundo mitológico de nossa mente. Afinal, como Freud já reconhecera em *Totem e tabu*, permanece sempre ainda demonstrável um resíduo da cosmovisão animista em nosso "presente, seja desvalorizada em forma de superstição, ou viva como fundamento de nosso falar, crer e filosofar" (1982b, p. 366).

Penso que podemos interpretar à luz de tais passagens tanto a conhecida afirmação de Freud, segundo a qual a teoria das pulsões seria a *mitologia* da psicanálise, como também aquela passagem da carta aberta a Einstein, tão perturbadora e repleta de significação:

> *Mas uma parte do instinto de morte permanece ativa dentro do ser vivo, e nós procuramos derivar toda uma série de fenômenos normais e patológicos dessa internalização do instinto de destruição. Cometemos até a heresia de explicar a gênese de nossa consciência moral mediante esse voltar-se para dentro da agressividade. O senhor deve notar que de modo nenhum é insignificante que este processo ocorra em medida muito grande, é positivamente malsão; enquanto o direcionamento dessas forças instintuais para a destruição no mundo externo desafoga o ser vivo, deve ter efeito benéfico. Isto serviria como desculpa biológica para todos os impulsos feios e perigosos que combatemos. É preciso conceder que estão mais próximos da natureza do que nossa resistência a eles, para a qual também precisamos achar uma explicação. Talvez o senhor tenha a impressão de que nossas teorias são uma espécie de mitologia, e nem mesmo agradável nesse ponto. Mas toda ciência não termina numa espécie de mitologia? Parece-lhe diferente na física de hoje? (Freud, 1933/2010b, p. 246)*

Mas tais estratégias argumentativas de evitação do dogmatismo não devem ser interpretadas como concessões ao relativismo teórico ou ao ceticismo exacerbado – muito menos à tendência que Freud denominou de anarquismo epistemológico. Como balanço geral, penso poder afirmar que também na fase mais tardia de seu pensamento o compromisso com a verdade e a objetividade do conhecimento científico permaneceu inabalável. É o que Freud afirma taxativamente em *O futuro de uma ilusão*:

> *Por fim, fez-se a tentativa de desvalorizar radicalmente o esforço científico, observando que, ligado às condições de*

> *nossa própria organização, ele não pode fornecer senão resultados subjetivos, enquanto lhe permanece inalcançável a verdadeira natureza das coisas fora de nós. Mas isso não leva em conta vários fatores decisivos para a concepção do trabalho científico: que nossa organização, nosso aparelho psíquico foi desenvolvido justamente no esforço de indagar o mundo exterior, e, portanto, deve ter incorporado certa adequação funcional em sua estrutura; que ele próprio é parte desse mundo que investigamos, e admite muito bem tal investigação; que a tarefa da ciência fica plenamente circunscrita quando ela se limita a mostrar como deve se apresentar para nós o mundo, em consequência da particularidade de nossa organização; que os resultados finais da ciência, justamente devido à maneira como foram obtidos, não são condicionados apenas por nossa organização, mas também pelo que agiu sobre essa organização; e, enfim, que sem considerar nosso aparelho psíquico perceptivo o problema da constituição é uma abstração vazia, sem interesse prático. Não, nossa ciência não é uma ilusão. Seria ilusão, isto sim, acreditar que poderíamos obter de outras fontes aquilo que ela não pode nos dar. (Freud, 1927/2010a, p. 270)*

Que a metapsicologia freudiana tenha encontrado um tipo de solução capaz de satisfazer *integralmente* os protocolos epistemológicos que informam o paradigma de ciência que Freud tinha em vista desde o *Projeto de uma psicologia científica*, isso talvez possa ser debitado à natureza do objeto, a carecer de remanejamentos teóricos constantes. Mesmo assim, essa restrição não afastaria a psicanálise freudiana de um programa de pesquisa determinado com base em um ideal de ciência próprio de seu tempo, que descrê da onipotência, mas não da suficiência persistente e sempre retificável da sabedoria do deus *Logos*.

> *Devemos estar prontos, também, para abandonar um caminho que estivemos seguindo por certo tempo, se parecer que ele não leva a qualquer bom fim. Somente os crentes, que exigem que a ciência seja um substituto para o catecismo que abandonaram, culparão um investigador por desenvolver ou mesmo transformar suas concepções. Podemos confortar-nos também, pelos lentos avanços de nosso conhecimento científico, com as palavras do poeta: o que não podemos alcançar voando, temos de alcançá-lo mancando. A escritura diz que não é pecado mancar. [Was man nicht erfliegen kann, muss man erhinken. Die Schrift sagt, es ist keine Sünde zu hinken.] (Freud, 1982c, p. 272)*

Reconhece-se aqui o Freud cientista e sóbrio, mas também o Freud filósofo e lúcido, bom leitor de Platão, disposto a recorrer ao legado cultural das narrativas míticas quando a dialética não consegue elevar-se às alturas exigidas pelo rigor do pensamento.

Referências

Freud, S. (1982a). Totem und Tabu. In S. Freud, *Werke. Studienausgabe*. Fragen der Gesellschaft. Ursprünge der Religion (A. Mitscherlich, A. Richards & J. Strachey, Eds., Vol. 9). Fischer Verlag.

Freud, S. (1982b). Über eine Weltanschauung. Neue Folge der Vorlesungen zur Einführung in die Psychoanalyse. In S. Freud, *Werke. Studienausgabe* (A. Mitscherlich, Ed., Vol. 1). Fischer Verlag.

Freud, S. (1982c). Jenseits des Lustprinzips. In S. Freud, *Werke. Studienausgabe*. Psychologie des Unbewussten (A. Mitscherlich, A. Richards & J. Strachey, Eds., Vol. 3). Fischer Verlag.

Freud, S. (1982d). Die Zukunft einer Illusion. In S. Freud, *Werke. Studienausgabe*. Fragen der Gesellschaft. Ursprünge der Religion (A. Mitscherlich, A. Richards & J. Strachey, Eds., Vol. 9). Fischer Verlag.

Freud, S. (1987). Entwurf einer Psychologie. In S. Freud, *Gesammelte Werke* (A. Richards, Ed.). Fischer Verlag.

Freud, S. (2010a). O futuro de uma ilusão. In S. Freud, *Obras completas* (P. C. Souza, Trad., Vol. 17, pp. 231-301). Companhia das Letras. (Trabalho original publicado em 1927)

Freud, S. (2010b). Por que a guerra?. In S. Freud, *Obras completas* (P. C. Souza, Trad., Vol. 18, pp. 417-435). Companhia das Letras. (Trabalho original publicado em 1933)

Gay, P. (1995). *Freud reader*. W. W. Norton & Company. (Trabalho original publicado em 1989)

Mezan, R. (2007). Que tipo de ciência é, afinal, a psicanálise?. *Natureza Humana*, 9(2), 319-359.

Porte, M. (1994). "Une population psychique aborigène". La grande analogie de Totem et tabou. *Topique*, 1(54), 339-359.

Virgínia Leone Bicudo e Juscelino Kubitschek

CDM-SBPSP

Ciência. Que ciência? Psicanálise e Arqueologia

Elias Mallet da Rocha Barros,[1] *São Paulo*

Gostaria de iniciar agradecendo ao convite de Ana Maria Vannucchi, de Carmen C. Mion e de Marta Foster para a celebração do 70.º aniversário da Sociedade Brasileira de Psicanálise de São Paulo (SBPSP).

É com grande prazer que estou aqui, e essa satisfação cresceu ainda mais, depois de ouvir as duas primeiras mesas, ao citar Riobaldo, personagem de Guimarães Rosa, quando dizia que *macaco seu vestia roupa* e que este desejava, através da escuta de seu interlocutor (ainda que este permanecesse silencioso), organizar sua emoção, reflexão e experiência. Riobaldo tocava na questão de que nós, ao ouvirmos relatos, não somos seres passivos. Somos chamados a *pôr enredo* naquilo que vemos e ouvimos e sentimos. Somos, em suma, instados a interligar nossas experiências pessoais à nossa intimidade e ao contexto sociocultural e, como analistas, a criar a intimidade necessária e sempre mais profunda de forma a produzir um contato com as verdades perturbadoras que organizam ou nos impedem de organizar nossa subjetividade.

---

1 Membro efetivo e analista didata da Sociedade Brasileira de Psicanálise de São Paulo (SBPSP). erbarro@terra.com.br

Relembremos que os fundadores de nossa Sociedade não foram apenas os psicanalistas aos quais tantas vezes devemos agradecer, mas também intelectuais de diversas áreas: pediatras (Pedro de Alcântara Marcondes Machado), poetas (Menotti Del Picchia), antropólogos (Paulo Duarte), obstetras (Raul Briquet), juristas (Antônio Sampaio Dória – também ministro da Justiça). Esta reunião celebra a diversidade, esse entrecruzamento entre campos do saber, o homem da cultura por detrás do divã, e igualmente implica que o psicanalista deve ser um homem culto.

Devo dizer que é um prazer, um desafio e uma responsabilidade compartilhar esta mesa com o professor Oswaldo Giacoia Junior. Obrigado, professor, por aceitar este convite.

Tenho pouco tempo para introduzir nosso assunto. Não o tempo suficiente para apresentar uma construção complexa e nem sei se saberia fazê-lo. Então, me limitarei a introduzir algumas propostas de reflexões disparadoras de uma conversa. Algumas delas já foram mencionadas em outra reunião da SBPSP, mas em minha defesa alego que posições sobre abordagens epistemológicas não mudam em curtos espaços de tempo.

Primeiro disparador

Começo com duas citações objetivando explicar o título de minha apresentação e já considerando este meu primeiro disparador.

Fabio Herrmann, grande pensador da psicanálise e um dos pilares conceituais e identitários de nossa SBPSP, e que hoje, para grande tristeza nossa, o destino impediu que estivesse aqui conosco, dizia que a psicanálise era uma *ciência artística e uma arte científica.*

Atul Gawande referiu-se aos conhecimentos médicos definindo-os através de um paradoxo, ao falar da medicina como sendo constituída de *certezas incertas de uma ciência probabilística*. Gosto dessa afirmação paradoxal, que cabe dentro do espaço do lugar incerto, conceito proposto por Edmund Leach, do qual falarei e explicarei mais à frente.[2]

Meu objetivo ao falar da psicanálise e ao associá-la à arqueologia é circunscrever campos em permanente transição que vão criando conceitos e depois teorias que os articulam, sustentados em diferentes níveis de probabilidades derivadas, no caso da psicanálise – e também da arqueologia –, de uma experiência clínica que nos fornece indícios que nos permitem montar modelos úteis relativamente confiáveis. Estes servem para aprofundar nossa investigação, desde que saibamos que estamos trabalhando com *construções hipotéticas* que nos propõem uma arquitetura de conceitos, isto é, que se organizam através de regras que estruturam sua articulação sobre as quais a teoria se assenta. A arqueologia opera de maneira semelhante, ao propor modelos explicativos para seus achados incompletos, muitas vezes fragmentários, que se constituem em indícios a serem interconectados, buscando aquilo que Bion, inspirado em Poincaré, denominou fato selecionado.

A medicina, enquanto prática médica (que também inclui algo que chamaríamos de *arte médica*), tem boa parte de seus conhecimentos ancorados em observações clínicas de manifestações patológicas em casos individuais. Observa *doentes* e produz modelos sobre *doenças* baseados na biologia, genética, fisiologia, bioquímica etc. Vejam, por exemplo, o caso atual da covid-19 e os conhecimentos que ela nos está permitindo deduzir sobre o vírus SARS-CoV-2.

Tanto a arqueologia quanto a psicanálise estabelecem uma complexa rede de interações entre abordagens indutivas e dedutivas e convidam seus pesquisadores a elaboradas intuições.

---

2 Ainda que não saiba localizar o texto no qual essa observação foi feita.

O conhecimento que constitui o corpo central da psicanálise foi adquirido sobretudo a partir de observações de casos individuais que nos permitiram montar uma teoria especulativa que denominamos metapsicologia. Notem: *metapsicologia* e não *metapsicanálise*. Essa forma de obter conhecimento constitui um estilo de pensamento científico que Forrester denominou *epistemologia positiva*.

A psicanalista e antropóloga anglo-canadense Elizabeth Spillius, uma querida e saudosa amiga e mestra, trouxe para a psicanálise o conceito de *wilderness* (lugar incerto, região selvagem, em sua difícil tradução para o português), originalmente proposto pelo antropólogo Edmund Leach, que visa capturar o espaço transicional no qual trafegam certos rituais e relações tribais de natureza ambígua só passíveis de serem observados em e como movimento. No caso de Leach (2000), essa noção servia, por exemplo, para situar o espaço existente entre práticas e crenças que se davam entre o sagrado e o profano. Essa noção serve para situar coisas (*things*) que habitam uma encruzilhada entre natureza e cultura, por exemplo. Spillius usava o conceito transposto para a psicanálise para se referir a situações *in-between*, aquelas que existiam num espaço transicional do "nem lá, nem cá", que capturavam momentos de transição. É um espaço onde são gerados conceitos-ponte e, como tais, precisam estar bem assentados para permitir uma travessia segura.

Muitos dos conceitos psicanalíticos e a própria psicanálise podem ser mais bem compreendidos como existindo nesse espaço do in-between, do nem lá, nem cá, da *wilderness*. É nesse espaço que trafega a definição de Fabio Herrmann – *arte científica e ciência artística* – e de Gawande, ao falar de *certezas incertas*.

Quanto à minha referência à arqueologia, necessito justificar a analogia. Penso que, ao relacionar essas duas práticas, encontro algumas semelhanças no *estilo de pensamento científico* utilizado, também baseado em achados individuais inicialmente dentro de um contexto pobre de informações, o qual buscam ampliar. Volto a sublinhar que é interessante notar, na arqueologia, a relação entre abordagens indutivas e dedutivas, além da proeminência da intuição, que não se confunde com adivinhação. A partir de pequenos indícios, os arqueólogos buscam remontar uma peça que faça algum sentido, baseados num contexto geológico, e a seguir tentam situá-la num contexto cultural deduzido de achados complementares, do passado e de analogias com o presente. Devo dizer que tanto na psicanálise quanto na arqueologia a subjetividade de quem propõe uma interpretação está presente. Os arqueólogos trazem à luz um passado vivo, não algo morto. Vivo porque interage com nossa civilização atual, obrigando a reformular a concepção de sua história e identidade.

Também quero esclarecer que as hipóteses arqueológicas aqui mencionadas se baseiam nos trabalhos de Jean Clottes e seus colaboradores. Não estou preocupado se minha escolha de Clottes é a mais correta ou não, já que estou usando suas teorias como ilustração de um pensamento voltado para a construção de hipóteses baseadas em probabilidades. Meu objetivo neste momento é discutir uma abordagem epistemológica. Poderia estar citando perspectivas diferentes sobre o mesmo assunto, tais como o trabalho de Marie-José Mondzain, que interpreta os mesmos achados baseados no conceito de gesto criador de um *homo spectator*, ou de outros autores como José Braga, Claudine Cohen, Bruno Maureille e Nicolas Teyssandier.

Vou ilustrar minha ideia inspirado no que fazem arqueólogos associados a Jean Clottes diante de um grupo de desenhos nas paredes rochosas de algumas cavernas, por exemplo diante de Chauvet, Lascaux, Cosquer, Parpaló e Altamira.

Uma vez dentro dessas cavernas, primeiro eles olham as paredes com suas imagens, observam suas características macro e microformais. Esses cientistas precisam, para usar uma expressão de Leopold

Nosek (2017), ter uma *disposição para o assombro,* sem a qual o conhecimento profundo do observado não se estabeleceria. O título do livro de Nosek expressa uma atitude epistemológica, além de ser uma bela expressão. Ressalto que *a teoria da interpretação de Freud deriva de um senso de surpresa* (Bollas, 2013).

O que está lá desenhado? Um bisonte? Um auroque? Um *íbex*?[3] É possível detectar o sexo desses animais? Estão em movimento? Feridos ou intactos? Há figuras humanas nas cercanias? Qual o tamanho de cada animal em relação aos outros? Há representação de paisagens? Qual a idade dos desenhos? Como esse conjunto de imagens se relaciona com outros das cavernas existentes em outros lugares? Essas representações estão presentes em todas as cavernas ou só em algumas? Quem frequentava essas cavernas: homens, mulheres, crianças? Em grupo ou isoladamente? O que significavam esses desenhos? E em que medida se relacionam com os desenhos feitos por povos congelados no tempo, nossos contemporâneos, como alguns agrupamentos da Nova Guiné, da Amazônia e, por exemplo, os *bushmen da África do Sul?*

3 Um tipo de cabra selvagem.

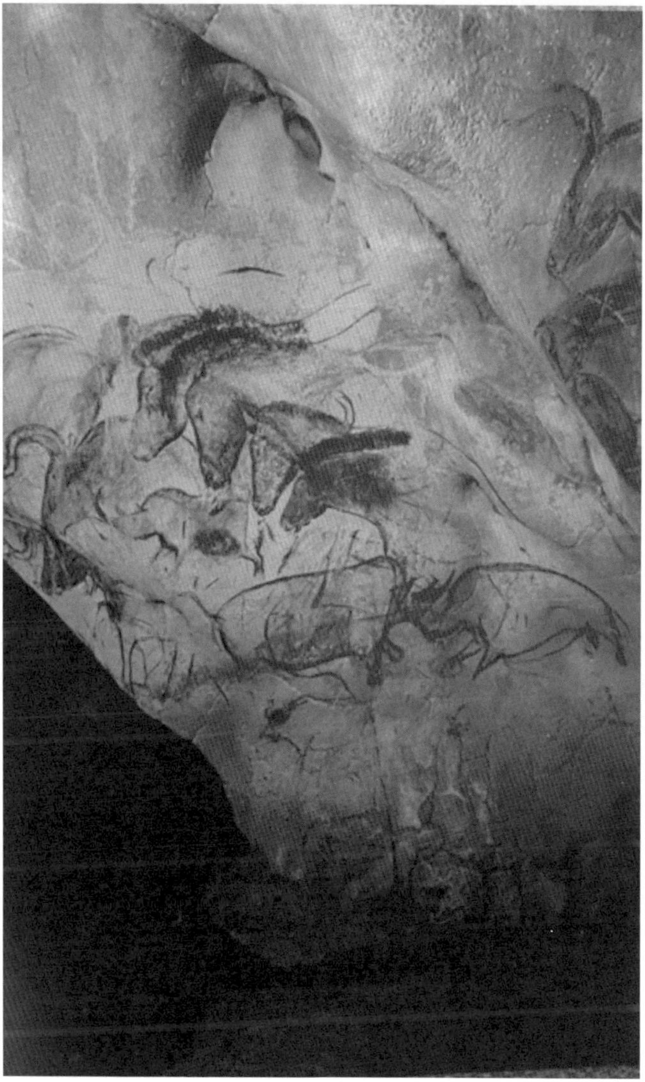

Pinturas de arte rupestre da caverna de Chauvet

Uma curta digressão: os arqueólogos franceses se referem a esses desenhos como *art des caves*, ou seja, arte das cavernas. Destacam neles a qualidade estética: são belos. Já os arqueólogos anglo-saxões são mais comedidos. Preferem se referir a essas figurações como representações imagéticas; algumas, sem dúvida, belas, mas não se comprometem necessariamente com terem sido produzidas com um sentido artístico.

Vamos deixar essa questão de lado por um momento. Os desenhos certamente são belos e se inscrevem naquilo que consideramos o universo da arte, mas é questionável que tenham sido produzidos com o espírito artístico, ainda que tenham sido guiados por uma mão experiente e, sobretudo, educada, ou seja, treinada. Volto à ciência.

Depois dessas observações de cavernas individuais, os arqueólogos fazem certas hipóteses sobre o significado do que estão vendo, colocam palavras onde não há palavras. Tentam encontrar alguma organização nas formas, uma suposta gramática generativa. Buscam relacionar com os indícios, pegadas por exemplo, que apontam para quem frequentava esses lugares obscuros e de difícil acesso. Eram muitos? Eram poucos? Se forem poucos, isso tem um sentido diferente daquele que estaria implicado na ideia de que fossem sítios de visitação pública. Claro que a noção de prova num campo como o da arqueologia é muito distinta daquilo que possa ser considerado como tal nas ciências ditas "duras".

Por exemplo, seriam esses desenhos aleatórios, coisa similar àqueles que fazem as crianças, ou seriam parte de algum ritual mágico, ou ainda manifestações de totemismo ou até puras expressões artísticas? Ou teriam um caráter religioso, xamânico? Esses traços contam algo sobre como viviam esses povos? Seria uma indicação, por exemplo, de que existiria desde muito cedo uma organização da espiritualidade? Se assim fosse, essa descoberta teria imensas implicações. É surpreendente que esses desenhos sigam os mesmos padrões e parâmetros em toda a Europa e através do mundo por pelo menos 25 mil anos! Por que esses padrões não mudaram por dezenas de milhares de anos? Nesse caso, haveria, por exemplo, a possibilidade de que esses desenhos e a utilização de uma caverna escura e de difícil acesso estivessem a serviço de um tipo de espiritualidade? Seria importante distinguir se essas representações teriam um caráter totêmico ou mágico ou xamânico? Se algo disso se revelasse uma hipótese provável, saberíamos muito sobre o modo de vida de nossos ancestrais e sobre seu modo de pensar.

Relembro a vocês que minha preocupação aqui não é arqueológica, mas epistemológica. Vou continuar nesse exemplo para depois refletirmos sobre a psicanálise.

Tudo sugere que essas práticas tinham um caráter espiritual e que o sistema de crenças fosse xamânico.

Vejamos os dados a partir dos quais podemos fazer algumas hipóteses de grande probabilidade, embora estas ainda contenham um certo grau de incerteza.

Vou enumerá-las misturando dados observados e hipóteses construídas a partir deles:

1. Por toda a Europa, nas diversas cavernas, os desenhos têm a mesma estrutura, seguem as mesmas regras e convenções durante milhares de anos e se espalham por milhões de quilômetros quadrados. Há estudos estatísticos sofisticados que indicam que certas proporções organizando os desenhos são sempre repetidas ao longo de muitos séculos.

2. Sabe-se, hoje, com base na análise do solo, que a maior parte dessas cavernas era frequentada *apenas por poucas pessoas* (1 a 5) ao longo das diversas épocas. Esse fato nos faz pensar que esses indivíduos se singularizavam por alguma característica. Seriam xamãs, líderes espirituais ou sacerdotes? Por outro lado, há indícios, fora das cavernas, de presença de ossos de animais e restos carbonizados de fogo, que sugerem

que grupos grandes lá se reuniam e ali passavam muitos dias, mas não penetravam nas cavernas.

3. Um fato curioso é a observação de que as cavernas que contêm desenhos são poucas num universo de centenas. Este é um claro indício de que certas cavernas eram selecionadas em vez de outras tantas, por critérios que desconhecemos. Mas é relevante o fato de que entrâncias rochosas não sejam todas utilizadas para portar figurações. Outra curiosidade: os desenhos em geral se encontram nos espaços mais profundos e de difícil acesso, e não nas câmaras mais acessíveis. Na verdade, podemos dizer mais do que isso. Os desenhos estão dispostos de forma orgânica que vão num crescendo desde o ponto inicial até sua conclusão nos lugares mais profundos, algumas vezes secretos e até em fundo de poços. Há indícios também que sugerem o contrário, que isso nem sempre ocorreu. Há abundantes *abrigos*, dentre eles os da Serra da Capivara, no Brasil, e vários na África do Sul, coalhados de desenhos.

4. Os desenhos são apenas de certos animais (não do total daqueles presentes na zona), são raras as representações humanas. Há algumas figuras compostas de homens com animais, indicando provavelmente uma ideia de continuidade entre o mundo humano e o animal. Há também uma abundância de figuras geométricas puras, quadrados, triângulos, espalhadas por um número significativo de várias partes da Europa. Inexistem representações de cenas compostas. Alguns animais estão feridos por lanças indicando caça. Esse fato exclui a ideia do totemismo, pois não há notícias, em nossa história humana, de animais totêmicos que sejam feridos, maltratados ou caçados pelo grupo que os reverencia.

5. Há uma curiosa mistura de desenhos de alta qualidade estética que dificilmente poderiam ter sido feitos por alguém sem experiência técnica, ou seja, sem uma educação artística baseada num longo treinamento na arte do desenho, da perspectiva, da produção de cores e nuances.[4] Ao lado dessas produções de alta qualidade aparecem, curiosamente, umas poucas medíocres, simplórias. O que significaria essa mistura? Uma hipótese considerada seria a de que se tratasse de produtos de excursões de iniciação, sendo um dos presentes o xamã-desenhista e os outros iniciantes sem nenhum treinamento em desenhos. Talvez esses iniciados fossem os futuros xamãs.
6. Se examinarmos as poucas pegadas existentes, encontraremos marcas compatíveis com pés de crianças e pré-adolescentes acompanhadas de um ou de poucos adultos. Estariam esses indivíduos cumprindo rituais de iniciação xamânica ou não?

Agora cito Jean Clottes, a respeito do que poderia significar a prática dessas representações: "A conclusão que se impõe é a de que se trata de uma religião cujas bases conceituais foram suficientemente estáveis durante mais de 20.000 anos já que produziram comportamentos e práticas idênticas na escala europeia" (2011, p. 266).

Mais adiante, pode-se perguntar se podemos lançar alguma hipótese sobre o tipo de religião em questão. Clottes sugere que seja uma de tipo xamânico baseada na *permeabilidade e fluidez do mundo*. O plano da existência é fluido, todos podem passar do plano concreto aos planos subterrâneos, das sombras à luz, homens e animais podem intercambiar ou trocar de identidade. Não há barreiras claras nesse mundo. Vários outros elementos sugerem essa

4 Recentemente, foi descoberto o que seria um ateliê, numa caverna da África do Sul.

conclusão. Alguns relativos ao passado distante da humanidade, outros com base em práticas xamânicas de povos caçadores contemporâneos da Nova Guiné, Austrália, América do Norte e América Central.

Tudo indica que a atmosfera e as características das cavernas eram propícias à produção de transes, de estados alterados de consciência: a escuridão, presença de certa quantidade de gás carbônico, padrões de reflexos produzidos nas paredes quando as cavernas eram iluminadas por tochas, a solidão na qual as imagens eram compostas, a fome e sede que as circunstâncias deveriam impor já que a produção se prolongava por muitos dias, meses talvez. Esses transes gerados nessas circunstâncias são característicos de práticas xamânicas atuais e provavelmente das antigas também.

Há provas que certificam essas hipóteses? Como compreender aquelas manifestações e o que contam sobre os elementos determinantes daqueles que gravaram os desenhos? Não, nada que possa ser considerada uma confirmação definitiva. Assim, na ciência arqueológica, temos que nos contentar com fazer hipóteses mais ou menos plausíveis para explicar os dados colhidos. São hipóteses probabilísticas baseadas em observações de comparações de casos isolados, individualizados, passíveis de serem compreendidos com base em certos modelos a partir dos quais podemos fazer deduções e previsões.

A natureza das observações aqui mencionadas é complexa. Envolve diversos tempos e camadas e também heterocronias.

A partir dessas hipóteses, podemos eventualmente deduzir algumas implicações a serem esperadas no encontro com novos dados. Se as consequências ocorreram, podemos validar as hipóteses iniciais. Voltarei a isso mais tarde. Agora, a psicanálise.

Quando Freud deu seu salto da neurologia para a psicanálise, ele não mudou apenas de modelo teórico. Ele também alterou fundamentalmente um jeito de pensar cientificamente.

Em artigo recente, Kaluzeviciute e Willemsen (2021) escrevem: "O objetivo deste artigo é o de clarificar e de enriquecer o que Forrester (2017) chamou de *epistemologia positiva* para a psicanálise". Trata-se de um estilo baseado em estudo de casos e de cenas. Eles descrevem essa postura como um estilo de pensamento científico diferente dos processos de raciocínio dedutivo e indutivo. Implícito nesse estilo está presente o conceito de *exemplar*, proposto por Thomas Kuhn (1962/2017).

Forrester (2017) sugeriu que, dentre os seis estilos existentes de pensar cientificamente, ele poderia propor um sétimo, consistente em pensar baseado em casos (*thinking in cases*). Muitas ciências utilizam essa abordagem: antropologia, arqueologia – como acabamos de ver –, ciências sociais, medicina etc.

É evidente que esse estilo tem suas limitações. É também importante ressaltar que a metapsicologia, a tentativa de teorizar o que se passa na clínica, é uma forma de propor *modelos* para compreendermos e explicarmos o que estamos observando. Se os modelos são bons, podemos fazer certas previsões sobre o material que deverá aparecer.

Não vou entrar em pormenores desse método/estilo e nem tratar de suas limitações com relação às suas possibilidades de generalizações. Mas quero, antes de passar para meu segundo disparador, sublinhar que a descrição de casos não tem um caráter anedótico, nem que um único caso prove alguma coisa, mas sim que um conjunto de casos pode nos levar à proposição de hipóteses plausíveis, tal como na arqueologia.

Segundo disparador

O conhecimento psicanalítico é transitório, mas sólido, desde que seja sustentado por uma arquitetura conceitual bem articulada.

Há diversos modelos presentes na obra de Freud e na psicanálise. Nenhum modelo é uma simples continuação do anterior e a relação entre eles é sempre muito complexa (Mezan, 2014).

Tanto Freud quanto Klein derivaram seus constructos do trabalho clínico, que ocorre num ambiente privado, dual, cujas evidências num primeiro momento só são compartilhadas pelo analista e por seu paciente. Todavia, quando publicados, esses conceitos adquirem uma certa rigidez, fruto de formulações linguísticas, e, paradoxalmente, no início, esses conceitos buscavam capturar fenômenos que iam muito além daquilo que a linguagem podia descrever.

Vou recuar para ilustrar com um exemplo histórico o que estou pretendendo comunicar (sem qualquer intenção de originalidade) sobre a articulação possível entre os diversos níveis nos quais os conceitos psicanalíticos são elaborados. O exemplo vem de um outro campo, isto é, da matemática como linguagem e da geometria como teoria.

Na Mesopotâmia, a matemática estava a serviço de resolução de questões concretas: divisão da terra depois das enchentes, projetos de irrigação, construção de edifícios etc. A regra baseada na divisão da corda em segmentos de 3, 4 e 5, juntados pelas pontas, resultava num ângulo reto, fechado num triângulo. Os sábios mesopotâmicos e babilônicos estavam interessados em questões práticas, não teóricas, quando desenvolveram esse conhecimento.

Pitágoras, que passou duas décadas estudando no Oriente Médio antes de retornar a Samos e depois a Cróton, na Sicília, foi quem então tornou a geometria um constructo teórico. Tornou esse conhecimento empírico baseado em observações com fins pragmáticos parte de uma teoria, a geometria, baseado na regra 3, 4 e 5. A partir daí, esse conhecimento passou a fazer parte de uma construção dedutiva e se tornou o princípio básico da matemática e da ciência, ao elaborar o que hoje conhecemos como o teorema de Pitágoras. Números e fatos nesse campo passaram a se misturar desde então.

Quero lembrar que, quando falamos em metapsicologia em psicanálise, estamos falando inspirados numa das conotações do termo metafísica, ou seja, como algo além da física, isto é, estamos nos baseando nos princípios sem os quais a física não poderia existir.

Estou com essa menção reafirmando a complexidade do objeto psicanalítico e procurando chamar a atenção para a intrincada relação existente entre a observação e as subsequentes deduções.

Terceiro disparador

Se tomarmos a sessão como nosso campo privilegiado de observação, onde estará o objeto psicanalítico?

Em minha resposta, seguirei Green e, numa perspectiva e linguajar diferentes, Bion e Ogden, com tinturas winnicottianas. Estou ciente do perigo que corro ao associar linhas de pensamento baseadas em modelos bastante diferentes. Não estou preocupado em articular neste momento seus modelos, mas apenas em me referir ao que me parece uma perspectiva comum *do que* observar na relação analítica.

Nas suas *Conferências brasileiras*, Green pergunta-se: onde está o objeto psicanalítico, no paciente ou no analista? E responde: "Pois ele não está nem no paciente nem no analista, está no espaço de reunião das trocas transferenciais/contratransferenciais" (1990, p. 31).

Hoje, provavelmente descreveríamos esse espaço clínico como aquele da intersubjetividade e encontraríamos um lugar para nos referirmos à reverie. Trata-se de um espaço transicional, *de um lugar em movimento, do sendo.*

É nesse campo que capturamos o material que nos proporcionará a oportunidade de construirmos modelos conceituais.

A título de exemplo do que quero comunicar, mencionarei que o narcisismo é um conceito, não é algo que esteja lá para ser observado. O que observo é um conjunto de relações que, desde que eu defina uma *tópica* (um espaço mental), o conceito de narcisismo me permite elaborar uma série de hipóteses que me permitem articular uma teia de outros conceitos.

Quarto disparador

Quero agora me referir ao conceito de *insight ostensivo*, proposto por Jorge Ahumada (2011), inspirado em Bertrand Russell, mas original no que tange à psicanálise.

A noção de ostensividade e o vocábulo *ostensivo* foram propostos por Bertrand Russell como um qualificativo de um tipo de *definição*. Essas definições ostensivas referem-se a eventos que ocorreram para uma determinada pessoa, num determinado momento clínico básico, que produz a transformação/mudança psíquica que é a própria essência do método na clínica psicanalítica, base de observação para a construção de teorias psicanalíticas. Esse conceito, baseado na observação daquilo que parece proporcionar uma transformação psíquica, oferece (a meu ver) uma ponte entre diversas perspectivas teóricas que me parece útil de ser explorada.

Em artigo recente, Ogden (2020), a meu ver, complementa e aprofunda essa questão, ao propor distinguir entre o que denomina psicanálise epistemológica e *psicanálise ontológica.*

A psicanálise epistemológica tem como principais autores Freud e Klein e está relacionada com conhecer e compreender o seu funcionamento psíquico. Ela é portadora de um conhecimento descritivo.

É curioso notar aqui a coincidência com o conceito de *conhecimento por descrição*, proposto por Bertrand Russell, em contraste com *conhecimento por familiaridade.* O conhecimento do primeiro tipo leva a um conhecimento direto do próprio objeto, a uma compreensão de seu funcionamento. O conhecimento do segundo tipo supõe uma experiência pessoal com a constituição do próprio objeto, vai além do cognitivo. Nesse caso, o *insight* é baseado no que se sente e vive, o objeto é definido *ostensivamente*, o que leva Ahumada (1999) a enfatizar a importância do *insight ostensivo* como aquele que produz mudança psíquica.

A psicanálise ontológica tem como principais autores Winnicott e Bion e está relacionada com ser (*being*) e tornar-se (*becoming*). Ela visa tornar o paciente familiarizado com seu modo de ser e de se transformar a partir de *como está sendo e não como é.* Ela é portadora de um conhecimento baseado na experiência. Aqui, é importante enfatizar que não se trata de uma experiência estática, um momento fotográfico de como o paciente é, mas é mais bem expressado pela imagem de um filme que se desenrola e é composto de milhares de imagens em movimento. Poderíamos dizer que o paciente se apreende no processo de transição do tornar-se sujeito.

Aqui, como disse anteriormente, estamos falando de conhecimento por familiaridade e de *insight ostensivo.* É claro que esses dois processos estão intimamente conectados e é difícil separá-los nitidamente.

O *insight ostensivo* é a experiência de conhecer seu inconsciente no *momento do sendo*, num *processo* vivo de transição entre o saber como o sujeito se constitui como tal e adquire uma eu-idade (*I-ness*).

Essa experiência de tornar-se sujeito através *de um estado de ser* é na *imensa* maioria das vezes desconhecida do paciente, e Ogden até sugere que não é do domínio do imaginável. As expressões linguareiras disponíveis em português não favorecem a descrição desses dois estados.

Referências

Ahumada, J. (1999). *Descobertas e refutações: a lógica do pensamento analítico*. Imago.

Ahumada, J. (2011). *Insight*. Routledge.

Bollas, C. (2013). *O momento freudiano*. Roca.

Clottes, J. (2011). *Pourquoi l'art prehistorique?*. Gallimard.

Forrester, J. (2017). *Thinking in cases*. Polity.

Green, A. (1990). *Conferências brasileiras de André Green*. Imago.

Kaluzeviciute, G. & Willemsen, J. (2021). Scientific thinking styles: the different ways of thinking in psychoanalytic case studies. *International Journal of Psychoanalysis*, 101(5), 900-922.

Kuhn, T. (2017). *A estrutura das revoluções científicas* (13.ª ed.). Perspectiva. (Trabalho original publicado em 1962)

Leach, E. (2000). *The essential Edmund Leach*: anthropology and society (Vol. 1). Yale University Press.

Mezan, R. (2014). *O tronco e seus ramos*: estudo histórico da psicanálise. Companhia das Letras.

Nosek, L. (2017). *A disposição para o assombro*. Perspectiva.

Ogden, T. (2020). Psicanálise ontológica ou "O que você quer ser quando crescer?". *Revista Brasileira de Psicanálise*, 54(1), 23-45.

Psicanálise e arte

Psicanálise e arte

João A. Frayze-Pereira,[1] *São Paulo*

Quando se pretende refletir sobre a relação entre a psicanálise e a cultura, em particular no tocante à arte, devemos lembrar que essa relação é primordial na história da psicanálise, posto que foi a partir da leitura de *Édipo rei*, de Sófocles, texto trágico, encenado como peça teatral, que Freud cria um conceito fundamental na psicanálise, demarcando a especificidade do campo e do saber psicanalíticos. Mas, além disso, se pensarmos na história da Sociedade Brasileira de Psicanálise de São Paulo (SBPSP), a questão do relacionamento entre arte e psicanálise, em plena época do modernismo paulista, ocupou um dos fundadores dessa Sociedade, Dr. Durval Marcondes, que também era poeta e amigo de muitos artistas, cujo primeiro trabalho, *O simbolismo estético na literatura*, em 1926, versou sobre o uso da psicanálise para a crítica literária. Durval enviou esse trabalho a Freud, acompanhado de uma carta, que o mestre respondeu, dando início a uma breve correspondência entre ambos. Posteriormente,

1 Membro efetivo e analista didata da Sociedade Brasileira de Psicanálise de São Paulo (SBPSP). Professor livre-docente do Instituto de Psicologia da Universidade de São Paulo (IP-USP) e do Programa de Pós-Graduação Interunidades em Estética e História da Arte da Universidade de São Paulo (PGEHA-USP). joaofrayze@yahoo.com.br

em parceria com Osório César, psiquiatra e crítico de arte, marido da pintora Tarsila do Amaral, Durval realizou outros trabalhos: Sobre dois casos de estereotipia gráfica com simbolismo sexual, em 1927, com a apresentação de desenhos feitos por pacientes; e o livro A expressão artística dos alienados, em 1929, com prefácio do modernista Cândido Motta Filho. Nessa mesma época, fundou a Sociedade Brasileira de Psicanálise. Quer dizer, não é apenas a relação entre psicanálise e ciência, mas principalmente a articulação entre psicanálise e cultura, arte e literatura, que se encontra na origem desta Sociedade, sob a chancela da correspondência entre Durval e Freud que, segundo o próprio Durval afirma num videodocumentário produzido pela TV Cultura, foi o próprio Freud quem o legitimou como psicanalista. Posto isso, pode-se dizer que a arte esteve presente na psicanálise desde a sua fundação.

Mas esse fato nos lembra também que a arte é bem mais velha que a psicanálise e deve ser compreendida como um campo de conhecimento, assim como é a medicina, a física, a química, a astronomia, a filosofia e a própria psicanálise. E, nessa medida, como qualquer campo de conhecimento, a arte possui especificidades que exigem estudo, pesquisa e certa erudição para que se possa trabalhar com ela e a partir dela.

Posto isso, pode-se considerar que, na aproximação entre arte e psicanálise, cabe perguntar: o que a psicanálise pode oferecer à história e à crítica de arte, que se articulam, sobretudo, com a estética e a filosofia da arte, e, inversamente, o que esses saberes demandam da psicanálise?

Essa é uma pergunta em duas fases que interroga a reciprocidade entre os psicanalistas, os artistas, os críticos e os historiadores da arte, reciprocidade mediada pelo campo da própria arte. Mas é uma pergunta que também implica como resposta, qualquer que ela seja, alguma reflexão sobre as especificidades do campo da arte.

Tais reflexões são formadas por intermédio da própria experiência ou da frequentação que os psicanalistas tiveram no campo da arte, campo de conhecimentos que suscitam discursos cujo destino é constituir o processo da chamada recepção estética que, por sua vez, determina a fortuna crítica das obras. No contato com as obras de arte, mais cedo ou mais tarde, qualquer espectador interessado nelas poderá se ver às voltas com perguntas perturbadoras que exigirão dele criatividade para respondê-las, se quiser das obras ter experiência. Nesse processo, a psicanálise poderá se afirmar, ao lado de outras disciplinas, como perspectiva legítima para o conhecimento das obras de arte. E dado que os psicanalistas, assim como os críticos, ocupam o lugar de receptores das obras, cabe uma pergunta inicial para a reflexão – o que seria a experiência no campo das artes?

Como se sabe, essa condição costuma ser ignorada em muitos escritos psicanalíticos que abordam uma obra de arte, figurando essa apenas como ilustração dos textos, como matéria sem história e sem contexto, apenas como um suporte para a projeção de representações teórico-conceituais ou como tela para a livre associação pessoal do intérprete que mais revela a si mesmo, suas preconcepções, sua memória e seu desejo, do que a obra supostamente analisada.

E, assim, é preciso lembrar que, para fazer alguma aproximação psicanalítica com a arte, é preciso ter experiência sistemática nos dois campos – no campo das artes, seja por engajamento em alguma prática como criador, seja por alta frequência em museus, galerias, salas de concerto, cinema e encenações teatrais como espectador; e, no campo da psicanálise, seja como psicanalista, seja como analisando. Mas não só no tocante à fruição. É preciso que essa frequentação esteja relacionada à pesquisa permanente nos dois campos, com acúmulo de leituras e interlocução com seus pares. Se essa experiência de frequentação do campo das artes não acontecer, a tendência será que o resultado do trabalho da interpretação, em qualquer vértice, não apenas a partir do psicanalítico, será superficial e discutível, evidenciando que as obras de arte referidas pelos intérpretes não passarão de signos que valem apenas por conferirem aos próprios intérpretes uma distinção de classe, como se pode verificar ao ler o trabalho crítico realizado por Pierre Bourdieu e Alain Darbel (1966), uma extensa pesquisa com o público de arte nos museus europeus, publicada como livro, hoje um clássico – *L'amour de l'art*. O contexto específico em que ocorre essa banalização da arte chama-se "sociedade do espetáculo" (Debord, 1967), isto é, um modo de realização, talvez o mais perverso, da sociedade contemporânea que se caracteriza pela supremacia da imagem em relação a qualquer outra forma de comunicação.

Nesse contexto, a imagem é um dispositivo cuja função é mediar as relações entre os indivíduos e os grupos, controlando as formas de perceber o mundo e de interagir com ele. Portanto, no mundo contemporâneo, a imagem é uma característica essencial da cultura. E, não por acaso, a chamada cultura da imagem refere-se a um modo de vida bastante ardiloso que engendra fenômenos sinistros cujas manifestações podem ser observadas na clínica psicanalítica. Por exemplo, Debord (1967) considera que a supressão da personalidade é um fenômeno que acompanha as condições da existência submetida às normas espetaculares, tornando-a, nessa medida, cada vez mais afastada da possibilidade de conhecer experiências autênticas e, por isso mesmo, de descobrir preferências individuais. Assim, o indivíduo deve desdizer-se sempre, se desejar encontrar nessa sociedade um lugar para se alocar.

Na sociedade do espetáculo, em suma, privilegia-se a imagem em relação à coisa, a cópia ao original, a representação à realidade, a aparência ao ser. E sobre essa questão, que também se refere ao estatuto da imagem no campo cultural, vários autores já escreveram artigos e livros, por exemplo Baudrillard, Didi-Huberman,

Lipovetsky, Lyotard, entre muitos outros. Entre nós, por exemplo, o jornalista José Arbex Jr. (2001) considera que o espetáculo é a forma que atribui significado a uma sociedade pulverizada, é uma forma que levou ao extremo o fetichismo da mercadoria. E, de modo contundente, Mario Vargas Llosa, ganhador do prêmio Nobel de Literatura, em 2010, aprofunda o conceito em seu livro magistral *Civilização do espetáculo: uma radiografia do nosso tempo e da nossa cultura* (2013). E conclui: a cultura, no sentido tradicionalmente dado a esse termo, está prestes a desaparecer em nossos dias, gradualmente, esvaziada de conteúdo. Em outras palavras, complementa o jornalista Luciano Trigo (2013), a cultura, convertida em entretenimento, afasta-se da reflexão e qualquer proposta que exija esforço intelectual tende a ser rejeitada pelo leitor/consumidor em busca de prazeres que os imunize contra a preocupação e a responsabilidade. Nesse sentido, o que se valoriza é a cultura aparente de indivíduos que, com discursos superficiais, abordam tudo e nada, das belas-artes à banalidade cotidiana.

Posto isso, no contexto da sociedade do espetáculo, modo de ser atual da sociedade de consumo de massa, na qual as imagens ocupam lugar de honra, mediando as relações entre os indivíduos, o que dizer da intimidade das relações interpessoais, na clínica psicanalítica e para além dela, no mundo mais amplo em que vivemos? Como será possível ao psicanalista manejar a dinâmica da intimidade numa clínica situada no contexto desse tipo de sociedade, não se deixando capturar pela malha sedutora das imagens?

Tais perguntas instigam a considerar as relações não apenas entre arte e psicanálise, mas entre psicanálise e sociedade do espetáculo. E, para fazer essa consideração, cabe ir mais fundo e indagar – em que medida há lugar para a reflexão e para o amor ao conhecimento nessa sociedade? E em que medida faz sentido reconhecermos nela uma forma cultural? Ou, antes, não seria mais correto admitirmos que o instituído nessa sociedade é, em larga escala, a antítese da cultura, ou melhor, uma anticultura?

De fato, pode-se falar em anticultura porque na sociedade do espetáculo há desprezo pelo conhecimento, uma aversão à reflexão sobre as experiências e um ódio ao trabalho do pensamento que se faz pela elaboração dessa reflexão – desprezo, aversão e ódio ao saber que amparam e fortalecem o que se denomina *ideologia*, que não é um processo subjetivo consciente, mas um processo involuntário produzido pelas condições materiais da existência social dos indivíduos, isto é, um modo inconsciente de operar com representações e ações que abole a história e elimina as determinações particulares dos fenômenos, em suma, um modo de operar que ignora o seu fundo histórico-social (Merleau-Ponty, 1964).

Ora, na sociedade contemporânea, há condições concretas que determinam o advento do que Christopher Bollas (1998) designa *estado de mente fascista que não opera confrontando dialogicamente os pontos de vista particulares, mas através de mecanismos mentais destinados a eliminar toda oposição*. No cerne desse estado mental há a presença da ideologia cuja lógica opera com a fixação de um único ponto de vista, colocado no lugar do universal, desprezando, excluindo e, no limite, destruindo as perspectivas particulares, cometendo genocídios, por exemplo, por uma *operação intelectual* (processos mentais precursores do ato genocida que se convertem em partes deste) ou por comissão (processos como distorção, descontextualização, caricaturização etc.) ou por omissão (processo que omite toda alusão à vida, à obra ou à cultura de um indivíduo ou grupo, decretando ficcionalmente a sua morte). Esses processos podem atravessar a cultura de um grupo, de uma instituição ou de um país, que só se recuperarão dos traumas decorrentes de qualquer forma de genocídio, se forem recordados os crimes cometidos. "O ato de lembrar é o antecedente ao perdão – ou precede o perdão

(perdão de si e dos outros) – e um instrumento para a re-humanização reparadora do grupo" (Bollas, 1998, p. 172).

Nessa medida, no contexto sócio-histórico atual, em defesa da psicanálise como saber plural (Bollas, 2008), portanto, contraideológico, formulamos duas perguntas para estimular a reflexão. Poderá o psicanalista escapar do risco de se transformar em agente ideológico, ao trabalhar no campo das artes, campo esse constituído, em grande parte, pela presença das imagens? Haverá algum procedimento disponível aos psicanalistas que lhes permita expressar os sentidos verdadeiramente implicados nas obras de arte, considerando que o espetacular modo de ser da sociedade contemporânea também pode afetar o campo das artes?

Referências

Arbex Jr., J. (2001). *Shownarlismo*: a notícia como espetáculo. Casa Amarela.

Bollas, C. (1998). *Sendo um personagem*. Revinter.

Bollas, C. (2008). *Freudian moment*. Karnac.

Bourdieu, P. & Darbel, A. (1966). *L'amour de l'art*. Minuit.

Debord, G. (1967). *Societé du spectacle*. Gallimard.

Llosa, M. V. (2013). *Civilização do espetáculo*: uma radiografia do nosso tempo e da nossa cultura. Objetiva.

Merleau-Ponty, M. (1964). *Le visible et l'invisible*. Gallimard.

Trigo, L. (2013, 13 de outubro). Em A civilização do espetáculo, Vargas Llosa analisa a decadência da cultura. *Máquina de Escrever*. https://glo.bo/34hvKfr

Imagem e enigma[1]

Ricardo Fabbrini,[2] São Paulo

Se nosso olhar, estimulado incessantemente por uma pluralidade de signos como os que circulam na rede digital, não se atém a nenhum deles em particular, é porque não vivemos em uma civilização da imagem, como diz Gilles Deleuze (1990, p. 32), mas em uma civilização do clichê. De modo semelhante, Jean Baudrillard (1991b) afirma que na sociedade da simulação total, ou sociedade hiper-real, a imagem hegemônica é o simulacro. São diagnósticos convergentes, em linhas gerais, porém o sentido atribuído aos termos clichê, em Deleuze, e simulacro, em Baudrillard, não é exatamente o mesmo. Deleuze denomina clichê a imagem que possui alguma coisa oculta, porque "todos os poderes teriam interesse em nos encobrir as imagens", em "encobrir alguma coisa na imagem" (1990, p. 32). Diferentemente, o simulacro para Baudrillard (1991b) é "a imagem na

1 Este texto é uma versão modificada do artigo "Imagem e enigma" (2016), publicado originalmente na *Revista Viso: Cadernos de Estética Aplicada* (UFF), 9(1), 241-252.

2 Professor Livre-Docente do Departamento de Filosofia da Faculdade de Filosofia, Letras e Ciências Humanas da Universidade de São Paulo (FFLCH-USP) e do Programa de Pós-Graduação Interunidades em Estética e História da Arte da Universidade de São Paulo (PGEHA-USP). ricardofabbrini@uol.com.br

qual nada é encoberto", pelo simples motivo de que nela não haveria coisa alguma a ser ocultada.

Os simulacros são as imagens hegemônicas na sociedade da hipervisibilidade, como as que circulam na "tela total": computador, vídeo, televisão ou celular. São "imagens obscenas", segundo Baudrillard (1991b), no sentido de que elas nada escondem, ou tudo dão a ver, e não "imagens sedutoras", porque nestas algo ainda restaria fora de cena, ou mesmo em oposição à cena. Os simulacros são, assim, imagens de um "mundo sem falhas", ou de uma "continuidade sem fissuras"; são imagens planas (ainda que em hd ou 3d); chapadas; lisas; superficiais; epidérmicas; peliculares; sem recuo; sem relevo; sem perspectiva, enigma, mistério; sem face oculta; sem outro lado; sem pregas; sem dobras; sem cimo; sem avesso; sem linha de fuga, nos termos salpicados pelo autor em diversos ensaios. Essas imagens seriam desérticas, vazias, porque, entre outros motivos, a "inflação ou excesso de signos" teria produzido, em aparente paradoxo, uma "deflação de sentido" (Baudrillard, 1991b, p. 22). Da entropia das imagens circulantes, de signos permutáveis segundo a lógica da mercadoria, teria resultado, na conhecida equação do autor, a neutralização das imagens.

Essas imagens sem segredo produzem, no entanto, segundo Baudrillard, um "fascínio ativo" no observador.[3] Esse fascínio pelo simulacro, pela imagem reduzida à materialidade do significante, de alta intensidade sensorial, que circula nos "jogos multimidiáticos", é tomado por Baudrillard como "uma paixão niilista pelos modos de desaparição do real": "Estamos fascinados por todas as formas de desaparecimento, do nosso desaparecimento. Melancólicos e

3 Assim como o "fascínio" resulta, segundo Jean Baudrillard (1985), da neutralização do sentido da imagem; "para além do social haveria as massas que resultam da neutralização do social", como veremos.

fascinados, tal é a nossa situação geral numa era de transparência involuntária" (1991b, p. 197).

Esse fascínio, ou "sedução fria", é contraposto por Baudrillard (1991a, p. 66) à sedução romântica ou moderna, porque esta ainda se "agarrava às aparências", à ilusão – ao jogo de investidas e esquivas do sujeito em face do objeto, o qual sempre elide uma face –, assim como "a razão dialética ainda se agarrava ao sentido". O fascínio seria, em outros termos, "sedução branda", "sedução mínima" que nada tem da "sedução-desafio, dual e antagônica", ou seja, da "sedução mítica":

> *Tudo isso pertence à ordem do lúdico, e o lúdico é o lugar de uma sedução fria, o encanto narcísico dos sistemas eletrônicos e informáticos, o encanto frio do médium e do terminal que todos nós somos, isolados na autossedução manipuladora de todas as mesas de comando que nos rodeiam. (Baudrillard, 1991a, pp. 197-207)*[4]

Essa sedução não é situada, pelo autor, sequer no plano do desejo, mas no plano de um "simulacro de afeto, simulacro de desejo, de investimento de desejo", num mundo marcado pela excitação sensorial, "no qual se faz sentir, cruelmente, a necessidade desses afetos" (Baudrillard, 1991b, p. 204).

A lógica dos simulacros é, em síntese, para Baudrillard, a da "antecipação dos modelos" (1991b, p. 74) em relação à experiência

4 A "sedução fria" não se limitaria, segundo Baudrillard, à relação do observador com as imagens virtuais na "tela total", porque ela determinaria o próprio *modus percipiendi*, habitual, na sociedade da hipervisibilidade, regulando, por exemplo, as relações entre o "político e o público"; o analista e o analisando; ou, ainda, entre o professor e o aluno. Neste último caso teríamos uma "sedução psicológica e operacional": "eu te seduzo, tu me seduzes, pois não há outra coisa a fazer" no campo pedagógico, em "nossa era da simulação" (1991a, p. 201).

vivida, fenomenológica ou existencial, no espaço do mundo. Essa anterioridade dos modelos não seria, no entanto, necessariamente cronológica (no sentido da precedência da percepção do simulacro em relação à experiência no mundo da vida), mas deontológica (porque o modelo se apresenta como valor absoluto) e ontológica (uma vez que o simulacro seria tomado, pelo fruidor, como real). Dito de outro modo, "os acontecimentos (événement) já não teriam mais sentido", segundo o autor, "não porque seriam insignificantes em si próprios; mas porque teriam sido precedidos pelos modelos (ou simulacros), com os quais o seu processo não faz mais do que coincidir" (Baudrillard, 1991b, p. 76).

A simulação não é assim, para Jean Baudrillard, uma modalidade de ilusão, de representação, um duplo ou espelho, ou, ainda, a "abstração de um ser referencial", de uma substância, mas o "modelo de um real sem origem nem realidade":

> *O território já não precede o mapa, nem lhe sobrevive. É agora o mapa que precede o território - precessão dos simulacros - é ele que engendra os territórios cujos fragmentos apodrecem sobre a extensão do mapa. É o real, e não o mapa, cujos vestígios subsistem aqui e ali, nos desertos que já não são os do império, mas o nosso. O deserto do próprio real. (Baudrillard, 1991b, p. 151)*[5]

5 A simulação na sociedade hiper-real não integraria, assim, para Baudrillard, o plano do imaginário, entendido como o domínio das imagens no qual se operaria todo tipo de reatividade por parte do fruidor, como projeções, transferências ou identificações, no sentido de Jacques Lacan (1988). Os modelos, diz Baudrillard (1991b, p. 153), em outros termos, "já não constituem um imaginário relativamente ao real, pois são eles próprios antecipação do real: nesse sentido eles seriam imanentes, e não de transcendência imaginária".

Sendo as imagens, na tela total, apreendidas como "hiper-reais", ou seja, como "mais reais que o real", porque intensíssimas do ponto de vista sensorial, a experiência vivida nas relações intersubjetivas, no mundo compartilhado, parece condenada a um *deficit* ontológico, a uma falta ou falha irredimível, nunca suprível, quando comparada à percepção sensorial de tais modelos. Por isso, "toda coisa, todo acontecimento, qualquer lugar" "precisa ser fotografado", dizia Baudrillard, antecipando a era atual das selfies compulsivas, cujo objetivo é atribuir mais realidade à percepção vivida no mundo (sem a mediação do aparato técnico) como deceptiva. Paradoxalmente, no entanto, a cada novo disparo fotográfico, o real torna-se ainda mais inacessível, convertendo-se em "nossa verdadeira utopia, mas uma utopia que já não é mais da ordem do possível, aquela com a qual já não se pode senão sonhar, enquanto objeto perdido" (Baudrillard, 1997, p. 176).

O fascínio pelas imagens técnicas é assim inseparável, segundo Baudrillard, do "verdadeiro trabalho de luto" em curso, não apenas pela "morte do real", mas também pela morte de certa ideia de cultura, vinculada ao erotismo e à sedução, ao sagrado e ao segredo. Estaríamos presenciando, na cultura do simulacro, em outros termos, a morte lenta, comatosa, que se protrai no tempo, de um "referencial perdido"; ou seja: um luto prolongado, sem redentor suspiro, pela "desaparição do real", e, por conseguinte, de todo um campo de sentido a ele associado. Uma das noções que teria sido derrogada, para Baudrillard, em nossa era da simulação ou dissuasão, é a de "violência revolucionária". Não apenas nos campos da arte e da comunicação, mas também nos da política e do social, teríamos passado, nos anos 1960, ou, mais precisamente, a partir de Maio de 1968 – no marco polêmico do autor –, da "violência explosiva" à "violência implosiva" (Baudrillard, 1997, p. 176). A "violência explosiva" seria a da "energia libertadora, própria do imaginário da irradiação", que orientou as revoluções políticas da modernidade (assim como as vanguardas artísticas do início do século XX):

> *É a violência dialética, energética, catártica. É aquela que aprendemos a analisar e que nos é familiar: aquela que traça os caminhos do social e que leva à saturação de todo o campo do social. É uma violência determinada, analítica, libertadora. (Baudrillard, 1997)*

Existe, no entanto, segundo Baudrillard, outra modalidade de violência, completamente diversa, que escapa aos esquemas das teorias, que é a "violência implosiva". Esta já não resulta "da extensão de um sistema (como o das vanguardas artísticas que visavam à estetização do real), mas de sua saturação e de sua retração" (1997, p. 173). A violência implosiva seria a da "involução lenta" não apenas da arte e da comunicação, mas do próprio social, e, por conseguinte, das instituições políticas, ou de noções como a de poder. Estaria em curso, em suma, uma "reversão total", um desinvestimento irreversível da ideia de violência explosiva, que, por seu turno, também implode ou involui – "assim como um deserto, aumenta" (1997, p. 176).

Essa violência implosiva manifesta-se, segundo Jean Baudrillard (1985, p. 68), não apenas na desaparição da arte – o que o fez retomar, de modo singular, o tema clássico da estética na modernidade, a saber: a "morte da arte" –, mas, também, no "fim do espaço perspectivo do social", tornando inoperantes os conceitos da sociologia e da filosofia política moderna. Bastaria observar, na perspectiva do autor, que a sociabilidade racional do contrato, a sociabilidade dialética (a do Estado e da sociedade civil, do público e do privado, do social e do individual), teria cedido à "socialidade do contato, do circuito e da rede transistorizada de milhões de moléculas e de partículas mantidas numa zona de gravitação aleatória, imantadas pela circulação incessante e pelas milhares de combinações táticas que as eletrizam" (Baudrillard, 1985, p. 68). De tal modo que Baudrillard chega a indagar: "Mas ainda se trata de *socius*?" (1985, p. 68). Analogamente, podemos conjecturar se, em tempo de ampliação da noção de arte ou cultura – ou seja, de dissuasão artístico-cultural –, não estaríamos vivendo o fim do espaço perspectivo da arte: mas ainda se trata de ars?

Nesse período de violência implosiva, estaríamos presenciando a agonia da arte, ou, mais precisamente, uma agonística, entendida, aqui, como o momento decisivo no qual se trava um conflito sobre o destino das imagens. Baudrillard localiza essa agonística, isto é, o processo de neutralização da arte (como imagem-enigma) decorrente da multiplicação "metastásica" ou "viral" dos simulacros, na transição, no fim dos anos 1970, entre a pop art e a dita pós-modernidade, ou, mais especificamente, na relação entre os artistas Andy Warhol e Jeff Koons. No paralelo do autor, enquanto os silkscreens de Andy Warhol introduziriam o "nada no cerne da imagem", os gadgets kitsches de Jeff Koons seriam apenas o resultado de uma "estratégia comercial da nulidade" (Baudrillard, 2007, pp. 83-85). É verdade que, segundo Baudrillard (1997, pp. 181-183), na superficialidade das imagens de Warhol haveria uma "tábula rasa" do sentido; todavia, esse grau zero operaria, nessas imagens, ainda em chave crítica, uma vez que evidenciam que a morte, a ausência, ou a perda, recorrentes nas obras do artista, são constitutivas do imaginário norte-americano:

> *Ora o mistério dos artefatos de Warhol [retrato de Marylin; a lata de sopa Campbell; a cadeira elétrica; o Crash], que reduzimos estupidamente a um efeito de moda ou de publicidade, não tem outro segredo além desta artificialidade pura, esta que se desvincula de toda*

> *significação natural, sensual, para adquirir uma intensidade espectral, vazia de sentido, a do fetiche [que é fonte de fascínio]. (Baudrillard, 1997, p. 188)*

Dito de outra maneira, o "mistério das pinturas de Warhol" seria sua "ausência de mistério"; seu segredo, sua "ausência de segredo"; e sua opacidade seria sua transparência, haja vista que suas imagens nada escondem porque não há nada atrás delas, posto que tudo está dado nelas como superfície (Baudrillard, 1997, pp. 178-198). Nas *stars* de Andy Warhol (Marilyn Monroe, Jacqueline Onassis ou Elvis Presley), por exemplo, multiplicadas em serigrafias, teríamos "a expressão de *algo* da morte e do destino" – daí sua dimensão trágica; enquanto, diferentemente, na série de fotografias da "*porn star* Cicciolina", de Jeff Koons – que seria "puro *remake*" dos retratos de Andy Warhol –, haveria apenas "frenesi comercial": "a comédia da cultura rindo de si mesma e de sua própria desaparição" (Baudrillard, 2007, p. 85).

Partindo desse diagnóstico de Jean Baudrillard, é preciso examinar em que medida, *pós-tudo*, na sociedade da hipervisibilidade (ou hiper-real), da circulação sem fim de signos – da "entropia", "saturação", ou "neutralização", nos termos característicos do autor –, é possível, ainda, produzir *uma imagem* que detenha algum enigma, que indicie algum segredo, mistério, ou recuo. Essa busca de uma imagem-enigma, em meio à ciranda de simulacros, ou seja, de imagens descarnadas porque sem lastro no dito "real", tem sido intentada por diversos artistas contemporâneos. Essa procura por uma imagem de resistência já foi figurada, inclusive, na prática fotográfica do filósofo cego esloveno Evgen Bavcar. Sua prática indiciaria o esforço desses artistas em recuperar a potência da visão, reagindo à saturação de signos que a tudo neutraliza, fatigando as retinas. Se de tanto ver ficamos cegos, caberia agora a um cego – ao Tirésias da pós-modernidade – devolver-nos a visão. Em outros termos, suas fotos mostrariam, na dialética entre luz e sombra, a necessidade, hoje, da "passagem pela cegueira para que então, se possa aceder, outra vez, à visão" (Bavcar, 1992, p. 81). Pois somente "quando a noite é mais profunda, é que somos capazes de captar o mínimo clarão, e é a própria expiração da luz que nos é ainda mais visível em seu rastro, ainda que tênue" (Didi-Huberman, 2011, p. 30): são pólen de luz ou sêmen de signos *in status nascendi.*

Essa busca de uma imagem ainda não corroída pela exposição exagerada, de uma *contraimagem* que se oponha à nossa "era irreferencial" (ou de "desrealização do real"), motivou o próprio Baudrillard (2004), vale lembrar, a dedicar-se à atividade fotográfica, nos anos 1990. Seu interesse pela fotografia é "pelo que há de inacessível, misterioso, irrevelado na imagem, mas que nela se manifesta", na expressão de Maurice Blanchot (2005, pp. 3-14). Esse enigma da imagem – que devolveria ao olhar a pulsão escópica perdida – é denominado por Baudrillard (1985) de "qualidade pensativa da imagem, qualidade de algo que nos pensa, qualidade de um pensamento sem reflexão". O ato fotográfico enquanto acting-out abriria a imagem para "o contingencial", que não corresponderia propriamente à contingência material, concreta, mas "a contingência soberana", ou seja, a tykhé: a ocasião, o acaso, o que é fortuito, o que é acidental, o que é casual ou inesperado; possibilitando, assim, o encontro com "o real em sua expressão infatigável, em sua intratável realidade" (Baudrillard, 1985, p. 142).[6]

---

6 Esse encontro com a "intratável realidade", em plena "era irreferencial", evidenciada em imagens de resistência à ordem dos simulacros, visa a reatar a relação entre o signo e seu referente; ou, ao menos, mostrar que o processo em curso de desrealização do real tem reduzido progressivamente o referente a um "fantasma de referência", ou seja, a um "mero lembrete de que a linguagem ainda possui um lado de fora, ou exterior" (Jameson, 1991, p. 110). São as imagens, como as que mencionaremos aqui, que permitiriam um reinvestimento, segundo Baudrillard (1991b) "no referencial e no real". É importante notar que o real, em Baudrillard, não pode ser tomado como aquilo que é impossível de ser representado tanto

Essa noção de abertura da imagem à "intratável realidade" remete à noção de *punctum* em Roland Barthes (1984, p. 15), entendido como o isolamento, o vazio, o silêncio presentes em cada fotografia, sintetizados na interjeição "Isso foi!": enunciado que atesta a teimosia do "Referente" (o "Intratável", no termo comum a Barthes e Baudrillard), em "ter estado lá", "absolutamente, irrecusavelmente presente". Seria no punctum que o caráter contratransferencial ("não o que vemos, mas o que nos olha", na expressão de Georges Didi-Huberman [1998]) tomaria forma como "retorno-imagem". Em uma fotografia de um quarto vazio, em desordem, de Nan Goldin, no exemplo de Baudrillard (2002), "a poltrona é pensativa", porque nela se apresenta o desaparecimento, "a forma virtual da pessoa que não está presente, que não está mais presente, mas cuja forma aí ainda está como uma espécie de sorriso", indiciado nos vincos do estofamento.

O segundo exemplo de Baudrillard são as fotografias da brasileira Anna Mariani, de casas com fachadas muito coloridas, com formas geométricas simples, em pequenos vilarejos do Nordeste, que remetem a uma espécie de neoplasticismo rural ou construtivismo *naif*. Essas formas restituem, sem "efeitos especiais", mas no brilho das cores saturadas e na simplicidade abstrata do "traçado decorativo", "a ausência dos homens", a qual não se dá senão "em proveito da presença da máscara viva de sua condição" (Baudrillard, 1997,

---

na realidade psíquica quanto na realidade material da arte (seja obra de arte ou poética do gesto), embora seja necessário supô-lo para manter a consistência do próprio real, como quer Jacques Lacan (1964/2008); nem pode ser tomado como aquilo que é passível de representação, como a concretude dos conflitos sociais, as condicionantes da economia, ou as contingências da política, na direção do materialismo de Fredric Jameson (1985, pp. 16-26). O "real" apresenta-se, em suma, nessas imagens de resistência como "objetualidade", entendida como a captura de uma relação instável entre as coisas na esfera do sensível, ou, ainda, como a realização material de uma imagem em uma dada forma (Baudrillard, 1997, p. 66).

p. 65). "Fotos como essas não são propriamente produtos estéticos (simulacros) porque guardam a objetualidade (que não é a mesma, vale notar, da antropologia), a fatalidade dos objetos *primitivos*"; ou seja, há nessa foto "uma necessidade absoluta que os objetos de arte perderam há muito tempo: a de constituir-se através da imagem como fábula"; como "instante fabuloso de deixar entrever que esse mundo real corre o risco, a todo o instante, de perder seu sentido e sua realidade" (Baudrillard, 1997, pp. 64-67); possibilidade contra a qual essa fotografia se insurge, segundo Baudrillard.

Dizer que a "a poltrona é pensativa" significa, em outros termos, que a imagem em Nan Goldin encerra pensamento não pensado, pensamento não atribuível diretamente seja à intenção da fotógrafa, seja a um objeto determinado (o *studium*, segundo Barthes, ou seja, a poltrona como referente). A imagem pensativa abre, assim, uma "zona de indeterminação" entre "presença e ausência", nos termos de Baudrillard, ou "entre pensamento e não pensamento, entre atividade e passividade, e mesmo entre arte e não arte, na medida em que redefine a fronteira entre esses termos" (Rancière, 2012, p. 105). A imagem pensativa contrapõe, dito de outro modo, "a força de pensatividade do punctum ao aspecto informativo representado pelo studium" (Rancière, 2012, p. 166). Não se pode afirmar, portanto, que, diante das imagens de Mariani, Goldin e Baudrillard, o observador descarte plenamente toda a referência que se configura como objeto de conhecimento – seja poltrona ou cama vazias em quarto desolador de hotel; seja casa caiada concreta em vilarejo sertanejo –, mas que nessas imagens a dimensão referencial é desestabilizada, instaurando uma tensão entre modos distintos de figuração como o representativo e o indicial. Ou seja, a imagem pensativa desencadeia uma paixão escópica, ou uma "loucura do olhar", na expressão de Barthes: uma circularidade feita de um vai e vem que não cessa entre distintos modos de enunciação, entre o saber de um objeto representado e o não saber que força o pensamento. É dessa zona de indiscernibilidade, que é o próprio imponderável (a figurabilidade, diria Lyotard), que resulta "certa distância, certo mistério" dessas imagens (Rancière, 2012, p. 89).

Nesses exemplos, assim como em suas próprias fotografias, Baudrillard busca uma imagem que seria "capaz de nos desorganizar", de produzir páthos em oposição às imagens "comodamente edulcoradas" que apenas reforçam o "imaginário do bom gosto" (1997, p. 167). Pode-se dizer, generalizando, que, no centro do debate estético contemporâneo, está o diagnóstico do autor segundo o qual vivemos um momento em que o futuro da imagem, em sua relação com os "referenciais fortes" (como a "intratável realidade" ou o "sentido suposto" a ela atribuído), está sendo decidido; ou seja, vivemos um "drama da percepção", na expressão do dramaturgo Heiner Goebbels; ou uma "guerra das imagens", como quer Bruno Latour (2008, pp. 111-150); ou, ainda, uma "biopolítica" das imagens, na direção de Michel Foucault (2008, p. 304).

Diversos autores caracterizaram, cada qual a seu modo, esse conflito de imagens diagnosticado por Baudrillard. Jean Galard mostra que foi com o "abuso estético" que percebemos que a "beleza difícil era tão mortal" (2005, p. 64). Seria pela "beleza difícil", ou seja, a "beleza alusiva", que oculta algo, que atrai não pelo que mostra, mas pelo que só indicia, que se poderia reagir à "beleza exorbitante", ou "beleza imperativa", a qual determina o estatuto da imagem no presente (Galard, 2004, p. 161). Para Hans Belting (2011, pp. 18-23), leitor de Jean Baudrillard e Aby Warburg, o desafio é descobrir "nas falhas e omissões na cadeia estonteante das imagens", na qual "uma dada imagem meramente conduz até a próxima imagem" – o que nos remete à ideia de "tela total" –, uma imagem na qual alguma coisa venha de fora: "a verdadeira imagem", a que pode "suscitar um olhar apreensivo, com um pouco de ansiedade, ou mesmo de temor", segundo Belting (2011, p. 26). É nessa imagem de exceção que residiria o poder redibitório da imagem de devolver a visão ao olho saturado, reagindo, assim, à "iconomania contemporânea" (Belting, 2011, p. 23).

Essa centralidade da questão da percepção no exame do poder de negatividade da imagem é identificável também em certas reflexões sobre os rumos do teatro e do cinema contemporâneos. A "política do teatro pós-dramático", por exemplo, é, segundo Hans-Thies Lehmann (2007, p. 338), "uma política da percepção realizada no modelo reduzido da situação teatral porque faz da natureza da própria visão o objeto de uma percepção consciente, visão da visão", na ótica do autor. Lehmann afirma que "a imagem eletrônica carece de falta, e por isso meramente conduz até a próxima imagem, na qual mais uma vez nada perturba" (2007, p. 334), em uma caracterização da "civilização midiática" muito próxima às de Baudrillard e Belting. Seu "teatro da dramaturgia visual", com mídias, pode também sucumbir, admite Lehmann, à espetacularização da imagem, ao "discurso hiperbólico das mídias": "Se os gestos de interrupção reflexiva são considerados dispensáveis face ao registro sem demora das informações, a perspicácia versada tecnologicamente ameaça se converter em ideologia, na apoteose de seu funcionamento cego" (2007, p. 402). Em outros termos, é preciso diferenciar um "uso (tecnológico) meramente decorativo, ilustrativo, utilitário, digestivo, pirotécnico e de eletroentretenimento, de uma efetuação que tenta criar honestamente uma experiência estética" (Campos, 1993). Assim, não se deve fetichizar os novos meios tecnológicos, segundo Lehmann, "mas produzir um jogo com a percepção", "que permita a experiência concreta por parte do público de que sua fascinação se prende à imagem do monitor" (2007, p. 402). Esse teatro com mídias, que "não prescinde na maioria das vezes, do contato visual direto entre atores e público", seria, desse modo, um espaço de "autoconsciência por parte do público de sua convivência, ou – como diziam Hélio Oiticica e Neville D'Almeida, a propósito de seu Quasi-Cinema: Block Experiments, Cosmococa, de 1973 – de sua "coniconvivência" com "as estruturas tecnológicas", cada vez mais presentes.[7]

Esse foco na percepção também é central na reflexão de Gilles Deleuze (1985, p. 264) sobre o cinema, haja vista que este se pergunta pelo estatuto da imagem cinematográfica no interior de nossa sociedade das imagens. Recorde-se que o cinema privilegiado por Deleuze é antes o cinema autorreflexivo de Jean-Luc Godard do que o cinema reflexivo-existencial de Ingmar Bergman; pois, para o autor, "em vez de se ater a uma consciência crítica negativa" (como no cinema de denúncia política, no âmbito da "representação de um objeto", ou no cinema "paródico", que foi associado nos anos 1980 ao cinema pós-moderno ou, nos termos de Baudrillard (1991b, p. 59), à "moda retrô", em chave nostálgica), o cinema mais relevante – prossegue Deleuze – "engajou-se em sua mais elevada reflexão, e não parou de aprofundá-la e de desenvolvê-la" (1985, p. 264); de tal maneira que encontraríamos, sobretudo em Godard, "fórmulas que exprimem o seguinte problema: se as imagens tornaram-se clichês tanto no interior quanto no exterior, como extrair de todos esses clichês *uma Imagem, 'justo uma imagem'*"? (retomando, com essa questão, a frase de Godard segundo a qual o que se deve buscar

---

7 Nem sempre, contudo, há coexistência (tensa) entre imagens eletrônicas e signos corporais. Em *Stfiters dinge ("Coisas de Stifter"), do diretor e compositor alemão Heiner Goebbels, acima referido, apresentado na Mostra Internacional de São Paulo (*MITSP), em 2015, temos uma "instalação" de instrumentos musicais e elementos cenográficos. Nesse "teatro da ausência", porque sem atores, que encena o aparato visual e sonoro (som, luz, água, névoa etc.), aproximando-se assim das artes visuais (de "instalações sonoras"), a única presença corporal é a do público (ou de contrarregras). Mesmo supondo que o intento desse "concerto cênico" (ou "espetáculo-instalação") que exibe engrenagens, como se estas operassem por si mesmas, seja criticar, em chave distópica, a realidade existente, há que se considerar, também aqui, a ameaça de o virtuosismo técnico endossar essa mesma realidade espetacular.

"não é uma imagem justa, é justo uma Imagem") (Deleuze, 1985, p. 264). E conclui Deleuze: "Do conjunto dos clichês deve sair uma imagem... Com que política e com que consequências?" (1985, p. 263); afinal, "O que é uma imagem que não seria um clichê? Onde acaba o clichê e começa a imagem" (aquela que se torna, diz Deleuze [1985, p. 263, grifo nosso], a cada dia, "a mais difícil", próximo, aqui, de Galard). O problema do espectador seria, em suma, na conhecida passagem de encerramento de Imagem-tempo, "o que há para se ver na imagem"; "e não mais o que veremos na próxima imagem" (Deleuze, 1990, p. 323).

Retomando Baudrillard, pode-se perguntar, nessa direção, como esperar que da sucessão de simulacros na tela total saia uma imagem que "force o pensamento", no sentido de Deleuze; algo como o "chegante", diria Derrida (2003, p. 76); algo que "aconteça no acontecimento", diria Lyotard (1987); algo como "o impensado", afirmaria Foucault (1981); algo como uma "possibilidade indefinida", na expressão de Lehmann (2007); algo, por fim, como o "isso", no sentido psicanalítico de pulsão, de inconsciente, de outro do sentido; algo que rompa, enfim, com o horizonte do provável, que interrompa toda organização performativa, toda convenção ou todo contexto dominável por um convencionalismo; porque somente assim, na subtração de elementos de poder, é que se liberaria, nesse drama da percepção, a força não comunicativa da imagem, ou, em outros termos, sua biopotência.

Ante esse drama na estética, o desafio de caráter ético é selecionar as imagens-enigmas em meio à performatividade dos simulacros que circulam ininterruptamente na tela total. Trata-se de encontrar os meios para evitar a dissolução da arte na comunicação, hoje pacificamente aceita, ou, ainda, de apreender a força não comunicativa de uma imagem. Porque é preciso distinguir a comunicação, ou "simulação de comunicação" como prefere Baudrillard (1991b, p.

55), da arte, considerada por Lyotard como uma forma de "comunicação, sem comunicação" (1993, p. 258). Se essa distinção não for preservada, a arte acaba subsumida à cultura massmidiática e digital, como se evidencia na formulação sintética de Jean-Luc Godard, em Je vous salue, Sarajevo:

> *De certa forma, o medo é o filho de Deus, redimido na noite de sexta-feira. Ele não é belo, é zombado, amaldiçoado e renegado por todos. Mas não entenda mal, ele cuida de toda agonia mortal, ele intercede pela humanidade. Pois há uma regra e uma exceção. Cultura é a regra. E arte, a exceção. Todos falam a regra: cigarro, camisetas, computador, tv, turismo, guerra. Ninguém fala a exceção. Ela não é dita, é escrita: Flaubert, Dostoievski. É composta: Gershwin, Mozart. É pintada: Cézanne, Vermeer [obra de arte]. É filmada: Antonioni, Vigo. Ou é vivida, e se torna a arte de viver [poética do gesto]: Srebrenica, Mostar, Sarajevo. A regra quer a morte da exceção.*[8] *(Godard, 2006, transcrição e grifos nossos)*

---

8 Georges Didi-Huberman (2015) examina se essa *máxima* de Jean Luc-Godard, que o orientou de *Acossado,* lançado em 1960, a Adeus à linguagem, de 2014, não adquiriu, ela própria, um caráter de normatividade, na medida em que converte a exceção em nova regra. Em seu filme mais recente, o ensaio Adeus à linguagem, regiamente fiel à exceção, Godard examina a potência poética das imagens em 3D, sequer entrevistas nos filmes *blockbusters* norte-americanos. Não temos, nesse ensaio visual, os efeitos especiais de praxe dos filmes de entretenimento, mas um inventário das possibilidades poéticas abertas pelo vídeo digital, tais como a sobreposição de cores brilhantes, produzindo no blow-up da cor, um efeito evocativo análogo àquele obtido pela pintura de paisagem pós-impressionista ou fauve; ou, ainda, as distorções nas figuras resultantes da relação entre o plano (a bidimensionalidade da tela) e o efeito visado de profundidade da imagem digital 3D, remetendo, nesse caso, à anamorfose na pintura. Essas distorções, resultantes da colisão entre plano e profundidade, permitem aproximar o "filme" de Godard de uma estética da imperfeição, não

Pelo "pensamento crítico que julga e escolhe, que produz diferenças, que seleciona as imagens", é que seria possível, segundo Jean Baudrillard (1985, p. 130), opondo também a exceção à regra, "vigiar o sentido"; no entanto, "as massas não escolhem, não produzem diferenças, mas indiferenciação": elas "mantêm a fascinação do meio (como profetizava McLuhan) que preferem à exigência crítica da mensagem". A regra mencionada por Godard corresponde, aqui, em Baudrillard, às "formas assintáticas", permutáveis, como é próprio às formas-mercadorias ou formas-publicidade; e a exceção corresponderia às "formas sintáticas" (o idioleto: o código singular a cada obra); ou seja, as "formas articuladoras de sentido", que seriam incomensuráveis, na medida em que não podem ser trocadas, diferentemente das mercadorias, que são mensuráveis segundo um valor abstrato.

Pergunta-se Jean Baudrillard (1991b, p. 199) se teríamos, até mesmo, comunicação, como dizíamos, e não "simulação de comunicação"; ou, ainda, se podemos atribuir sentido às imagens na tela total, ou se se trataria antes de "encenação do sentido", tendo em vista o efeito de desrealização do real produzido pela sucessão incessante de simulacros. Essa concepção de uma imagem como signo circulante destituído de sintaxe e sentido, porque reduzida à

---

no sentido da valorização da *low-tech*, como veremos em Wilhelm Kentridge, mas em função da limitação do efeito de verossimilhança da imagem digital 3D – evidenciada pelo autor, diga-se de passagem, com nítido intuito irônico. Diante de *Adeus* à linguagem, que é cinema sobre a vida (porque aberto ao referente: à história, à política etc.), e também cinema sobre cinema, haja vista sua autorreferencialidade, o observador há de se ater não apenas sobre o que há para se ver a cada imagem, quadro ou plano considerados de per se, como pedia Deleuze, mas também à sua composição baseada na montagem acelerada de imagens, palavras e sons que, dispostos como "dualidades disjuntivas" (ou seja, como conflito, hesitação, oscilação, ou paradoxo), ativam sua reflexão, na medida em que abrem nosso presente (e a imagem no presente) para "o impensado", no termo recorrente de Godard em História(s) do cinema (Augusto, 2015, pp. 4-5).

materialidade literal do significante, remete à formulação de Marshall McLuhan, reiterada nos anos 1970, segundo a qual "o meio é a mensagem". Para Baudrillard (1985, p. 34), essa afirmação estaria, ainda hoje, longe de se esgotar; ao contrário, ela precisaria ser radicalizada, porque estaríamos vivendo não apenas uma "implosão da mensagem no *médium*", como supunha McLuhan, mas "a implosão do *médium* e, mesmo, do próprio real", em uma espécie de "nebulosa hiper-real", de tal modo que "até mesmo a definição e a ação distinta de cada *médium*" não seriam mais determináveis.

Não poderíamos, por conseguinte, supor a existência de uma sociedade da comunicação, propriamente dita, no sentido da democratização do acesso à informação, ou de uma racionalidade comunicativa, na direção, por exemplo, de Jürgen Habermas, porque, segundo Baudrillard (2005, pp. 14-15 e 33), a "massa resiste escandalosamente ao imperativo da comunicação", à medida que seu "único afeto maciço" é o consumo voraz – "ver, decifrar, aprender não a afeta" –, de tal modo que "os discursos articulados acabam reduzidos a uma única dimensão na qual todos os signos, as mídias, e o próprio real perdem seu sentido": a "fascinação da espetacularidade" (1991b, p. 92). Diante desse efeito dissuasivo da comunicação, ou, como vimos, de sua "violência implosiva", deve-se indagar – afastando-nos, aqui, provisoriamente, de Baudrillard – de que modo seria possível resistir à conversão da arte (ou de imagens como "acontecimentos") em cirandas aleatórias de signos descarnados, ou seja, como eventos ou imagens meramente performativos. Pode-se propor, como resposta, que a educação, "se não tem o poder de mudar a vida, é sem dúvida, ainda, uma de suas faces mais intensas: ela é o lugar [e nesse aspecto aproxima-se da 'obra de arte'] onde o sentido ainda insiste em presentificar-se" (Favaretto, 2010, p. 55).

Dizer que a cultura, que não é tomada aqui como cultura popular ou cultura vanguardista, mas como cultura midiática, tornou-se a regra implica afirmar que ela acabou reduzida "a um instrumento de barbárie totalitária, uma vez que se encontra atualmente confinada no reino mercantil, prostitucional, da tolerância ou indiferenciação generalizada", nos termos de Didi-Huberman (2011, p. 41); ou seja, que a cultura, assim concebida, não é mais aquela que nos protege da barbárie e que, portanto, não "deve ser por nós protegida" em face da recaída no horror. A relação entre cultura e arte, em Godard, é análoga, vale notar, à oposição entre luz e sombra em Bavcar ou Lehmann, uma vez que em todos eles temos "contraste violento entre a exceção que recebe ou irradia a luz do desejo" e a "regra de uma realidade feita de culpa, mundo de terror concretizado pelo raio inquisidor dos projetores e do latido assustador de cães de guarda da noite", na caracterização da sociedade fascista por Pier Paolo Pasolini, retomada com brilho por Didi-Huberman (2011, p. 21), e que aqui estendemos à sociedade neoliberal da hipervisibilidade, ou da transparência extrema à Baudrillard. Essa exceção como "alegria inocente operaria como um aceno na noite fechada"; afinal, toda obra, seja pictórica, literária, ou cinematográfica, é "clarão errático, porém clarão vivo ou chama de desejo"; é um "momento de exceção no qual os seres humanos se tornam, na arte, luminescentes, dançantes, erráticos, intocáveis e resistentes enquanto tais – sob nosso olhar maravilhado", na visão de Didi-Huberman (2011, p. 23).

Ressalte-se, antes de apresentar outras imagens de resistência, que é preciso, malgrado as dificuldades, desenvolver a percepção no sentido de permiti-la selecionar essas imagens, no reconhecimento de suas diferenças ou singularidades. Seria preciso, por exemplo, um aguçamento da sensibilidade para os matizes ou cambiâncias nas imagens, aquilo que Roland Barthes (2003, p. 27), inspirando-se na palavra grega *diaphora* ("diferença" ou "desacordo"), denominou de "neutro" – "uma mercadoria cada vez mais rara, senão um verdadeiro luxo no presente". Essa "estética do neutro", proposta por Barthes, opõe-se, assim, à ideia acima referida de neutralização das imagens, em Baudrillard. É preciso perceber que há imagens que são "espaços totalmente e como que exaustivamente matizados"; ou seja, que elas são "furta-cores"; que "mudam sutilmente de aspectos, talvez de sentido, ou de configuração, segundo a inclinação do olhar" do observador (Barthes, 2003, p. 109). Essa busca das nuances na imagem, que aqui se propõe como forma de resistência à sociedade da simulação, não significa a reivindicação de sofisticação intelectual, no sentido de uma estilização do pensamento ou de um refinamento dândi da sensibilidade, mas apenas de uma tentativa de se evitar que o olhar fique refém da fascinação fatal da ciranda aleatória de signos da realidade virtual. A *diaphora* deve produzir, assim, uma *epokhé*, a suspensão provisória das ordens, leis, cominações, arrogâncias, terrorismos, intimações, exigências de uma linguagem visual que é tomada como anônima, dogmática, ou, simplesmente, como *natural*, porque certificada nas reiterações sem fim da tela total. A percepção das nuances da imagem, de suas inflexões sintáticas e, por conseguinte, semânticas, denunciando, assim, a "arrogância da linguagem" na lógica da mídia de massa (o "fascismo da língua", em Barthes, corresponde, aqui, ao "fascismo do simulacro", em Baudrillard), requer a espera e a lentidão, o *ralanti* ou o adiamento, em um mundo regido pela mídia eletrônica e pela informática, que criam uma "sensação de simultaneidade e imediatez" - permitindo, como diz Baudrillard (1985, p. 131), "uma interação em tempo real com o vazio" –, própria do capitalismo financeiro, que põe em xeque toda visão de longo prazo, em favor da circulação acelerada de capitais em escala global. Essa percepção escandida, aqui proposta, pode parecer fantasiosa em um mundo colonizado pela esfera da técnica e da ciência, ou seja, pela *operation*, pelo procedimento eficaz; afinal, "Gozo, narcisismo, competitividade, sucesso, performance, realização, desempenho" (Gagnebin, 1999, p. 88) são as palavras de ordem, como se sabe. É justamente, no entanto, na percepção marcada pela demora, pelas hesitações, pela perda de tempo e pelo tempo perdido, pela paciência em desvelar o segredo de uma imagem, uma face nela que apenas se deixa entrever, que teríamos a negação da temporalidade da produção de simulacros e do consumo capitalistas (da voracidade e da pressa), e, consequentemente, do "hedonismo ansioso" que rege a vida na "hipermodernidade", segundo Gilles Lipovetsky (2004, p. 55). Em suma, à pergunta "o que as imagens esperam de nós" pode-se responder, por ora, que é a *tékhne* da demora: a percepção ciosa e morosa de suas nuances.

Para autores como Philippe Dubois e Raymond Bellour, próximos, aqui, de Roland Barthes, seria na estética da imperfeição que teríamos uma resistência à precessão dos simulacros, ou seja, ao mundo *cool*, "publicitário", "do signo como signo", porque autorreferencial, nas redes e programas digitais (Baudrillard, 2005, p. 143). Em reação à imagem hiper-real – algo como uma *Gestalt sem Geist*, ou *design sem Dasein*, porque sem lastro no dito "mundo real" –, esses autores encontram na imagem floue, de cores esmaecidas; de contornos esbatidos; gauches; dubitativas; intencionalmente amadorísticas; desglamourizadas; não edulcoradas, que muitas vezes incorporam o acaso, a possibilidade de indiciar na imagem seu referente, devolvendo, assim, à fruição, o imprevisto (ou seja, o que de súbito irrompe em meio ao ramerrão festivo e lutuoso na tela do dia a dia: a mirabilia).

Como exemplo dessa estética da imperfeição temos as videoinstalações cênicas de Wilhelm Kentridge apresentadas tanto no circuito das artes visuais quanto teatral, baseadas em tecnologias "obsoletas" de filmes de animação desenhados quadro a quadro. Essa animação da "idade da lanterna mágica", na caracterização do próprio artista (dramaturgo, cineanimador e coreógrafo), seria uma forma de resistência aos filmes-softwares norte-americanos, que reduziram, como se sabe, a alta tecnologia à produção de efeitos pirotécnicos. Nessas animações artesanais, inspiradas em antigos teatros de marionete, figuras em silhueta saltitam, trepidam, em função da fatura manual, incitando o observador a preencher as fraturas, suprindo as imagens (supostamente) ausentes. É o que ocorre, por exemplo, em seu filme de animação *Procissão de sombras*, de 1999, no qual o artista "encena" a transição do apartheid para a "democracia" recorrendo ao teatro de sombras, produzido a partir de marionetes, característico da cultura popular da África do Sul. Nesse vídeo, editado segundo princípios de montagem vanguardista, Kentridge volta-se à relação entre corpos e sombras, ou seja, à questão acima referida da origem das imagens, agora em contexto multimídia, tendo em vista que a animação é projetada em uma instalação composta por diversos materiais: "A própria tenuidade da ilusão [em função da trepidação e dos borrados das silhuetas]", diz Kentridge (citado por Huyssen, 2014, p. 85), "impele o fruidor a completar o reconhecimento da imagem", o que o instiga a ater-se à própria consciência da atividade em si; ou seja, da atividade da percepção como ação de apreensão do mundo.

Encontramos, também, em certa arte tecnológica, como nas videoinstalações de Gary Hill ou Bill Viola, uma tentativa análoga de restituir à imagem sua "distância aurática como capacidade de atingir, de tocar" o fruidor, provocando-lhe uma "inquietante estranheza" (Didi-Huberman, 1998, p. 129). Produzir uma imagem em que há ainda "inacessibilidade", e que "este *há*", como diz Georges Didi-Huberman (1998, p. 196), "está *aí*", nela, como uma *presença* diante do observador: "uma imagem flutuante, adiada", uma "presença muda", um "tumulto silencioso" que "impregna" seu imaginário (Dubois, 1994, pp. 121 e 325). As imagens da arte da luz, opondo-se ao clichê que nada esconde, revelariam, na expressão de Dubois, "o rosto afastado da ausência … : o *espaço off* que se apresenta como excluído" (1994, p. 179). A arte tecnológica, produzindo um efeito análogo ao da relação de contiguidade na fotografia entre o espaço inscrito no quadro e seu contracampo (sua presença invisível), devolveria, assim, à imagem contemporânea, paralisada no *lugar-comum* e no *revival*, a sua abertura. Em suma, seria no âmbito das linguagens tecnológicas, segundo Bellour, Dubois, Jean-Marie Schaeffer, ou, ainda, Mario Costa, que estaria em jogo o futuro da imagem. Para esses autores, as possibilidades abertas pelas novas mídias poderão elevar o observador ao *páthos*, ou "ao novo universo estético do sublime tecnológico" (Costa, 1995, p. 37). Para saber, no entanto, "onde brotará o belo fruto da luz" seria preciso proceder, como propõe Lyotard (1987, p. 262), a "uma análise fenomenológica da presença do virtual", em cada obra considerada em sua singularidade: será que "pode ocorrer algo" como um "sentimento de gozo ou de pertencimento" decorrente da "comunicabilidade imediata" entre a obra e o observador por meio de uma "imagem de computador" (ou seja, de uma imagem digital na tela total)?; ou será que essa imagem anula a facticidade dos acontecimentos, impossibilitando sua "recepção carnal"? (Lyotard, 1987, p. 263). Porque é inegável, como admitem esses autores, o grande número de imagens ocas, imagens sem presença, que "nada representam além do vazio", como as dos filmes comerciais norte-americanos que tomam a "virtuosidade técnica" como efeitismo obrigatório. Percebendo essas imagens, segundo Lyotard (1987, p. 266), resta ao fruidor apenas constatar: "Não há apresentação, coisa alguma está aqui-agora. Só há inocorrências, e não acontece mais nada". Nessa direção, Baudrillard (1985, p. 129) afirma que o "*páthos* da distância" entre o observador e a tela, e, por extensão, a cena, a ilusão, a representação que pressupõem tal distanciamento foram derrogados na era da simulação ou da "deserção do real e do referencial" pela pura proximidade ou imersão do observador na imagem multimídia, muitas vezes pela via da interatividade, caracterizada pelo autor como "interação com o vazio", ou, ainda, como "convivialidade fantasma": a nova modalidade de passividade (Baudrillard, 1985, p. 133).

É nessa "imagem escrupulosa", portanto, que se evidenciaria a "ocultação", a "realidade de uma ausência", diz Jean Galard (2012, p. 170), na direção de Jean Baudrillard. Essa imagem, dotada de certa opacidade, é a que se insurgiria, naquilo que se subtrai à "imoderação da beleza", ao excesso próprio da "generalização do estético", no termo já referido de Jacques Rancière (2005), ou seja, ao "hedonismo estético extravagante", na expressão de Fredric Jameson (2001, p. 142). No "abuso estético" o que se ostenta é o valor de exibição da imagem, "aquilo que é feito na intenção de produzi-la" (Galard, 2012, p. 171); já, em sentido inverso, a "imagem escrupulosa", a que reage às "intervenções meramente decorativas", ou, nos termos de Baudrillard (1985, p. 143), "à saturação de esteticismo", é incompatível com o projeto de sua exibição. É verdade que essa distinção entre valor de culto e valor de exposição apresentada por Walter Benjamin é tão problemática quanto a oposição entre *studium* e *punctum* em Barthes, como já mostrou Rancière (2012, p. 111). Porque no cerne da imagem escrupulosa há uma tensão entre o expositivo e o cultual, ou uma circulação entre o obsceno e o segredo, como quer Baudrillard, uma vez que tais termos não são excludentes. No caráter indicial da imagem escrupulosa tem-se justamente a passagem de um termo a outro, deixando-se entrever a intratável realidade. Seria a imagem, enfim, que, interrompendo a remissão autorreferencial dos simulacros, remeteria, ainda que de forma indiciária, o significante ao significado, e o signo a um referente; o que implica dizer que essa imagem permitiria um reinvestimento, como quer Baudrillard, "no referencial e no real", sem que isso envolvesse um retorno à representação. No entanto, esse discurso no campo das artes de um "retorno do real" em pleno "mundo irreferencial", adverte o próprio autor, pode ser um novo lance no "jogo da simulação":

> *Enquanto a ameaça histórica lhe vinha do real, o poder jogou com a dissuasão e a simulação, desintegrando*

todas as contradições à força de produção de signos equivalentes. Hoje, quando a ameaça lhe vem da simulação (a de se volatilizar no jogo dos signos) o poder joga com o real. Joga com a crise; joga ao refabricar questões artificiais, sociais, econômicas, políticas. É para ele uma questão de vida ou de morte. Mas é tarde demais. (Baudrillard, 1991b, p. 33)

Essa *fatalidade* ("Mas é tarde demais") deve ser compreendida, no entanto, a partir da estratégia discursiva do próprio Baudrillard, que contrapõe o "niilismo irônico" ao "niilismo da neutralização" característico do sistema hegemônico. Seu "niilismo ativo da radicalidade" é o da "antecipação dramática" (como vimos, em sua resposta à questão "O que está acontecendo com as imagens?"), daquele que "leva até o limite do insuportável esse mesmo sistema" vigente: "A violência teórica, não a verdade", é, afinal – conclui Baudrillard (1991b, pp. 195-201) –, "o recurso que atualmente nos resta", ainda que estejamos na "era das teorias sem consequência".

No juízo "Mas é tarde demais", de Baudrillard, ressoa o réquiem de Pasolini de 1975, retomado por Didi-Huberman, segundo o qual o "vaga-lume está morto, perdeu seus gestos e sua luz na história política de nosso contemporâneo sombrio, que condena à morte sua inocência" (Pasolini, 1976, pp. 180-182). O que Pasolini e Baudrillard tomam como espetacularidade, no regime fascista, no primeiro caso, e no regime capitalista neoliberal da sociabilidade fictícia, no segundo, recorrendo às figuras dos projetores de luz e da tela total, respectivamente, é o mesmo "inferno realizado do qual ninguém mais escapa, e ao qual nós todos estamos doravante condenados": "Culpados ou inocentes, pouco importa" a essa altura, para esses autores, porque estamos todos igualmente "condenados de qualquer forma" (Didi-Huberman (2011, p. 39). Sobre essa "tese histórica" do desaparecimento dos vaga-lumes de Pasolini – que aqui estendemos à noção de fatalidade em Baudrillard –, Didi-Huberman (2011, p. 25) pondera que, embora estejamos, de fato, a "experimentá-la" a cada dia, sua dança luminescente, "esse momento de graça", ou seja, "o que existe de mais fugaz e de mais frágil", ainda resiste "ao mundo do terror" ou horror contemporâneo. Mesmo admitindo que o tempo presente seja a situação de "apocalipse latente", haja vista que nada mais parece estar em conflito, a derrocada "não deixa de fazer estragos nos corpos e nos espíritos de cada um"; ninguém pode esgotar, adverte Didi-Huberman (2011, p. 75), as "sobredeterminações e indeterminações" dos "estratagemas apocalípticos". Dito de outro modo, na "imanência do mundo histórico", onde "o inimigo não para de vencer", como quer o autor, a imagem-enigma opera como índice de sobrevivências. A imagem sobrevivente é aquela, como vimos, que efetua uma crítica à imagem hegemônica, ou, antes, à "máquina geradora de imagens" da mídia de massa que é "praticamente tautológica" (Groys, 2015, p. 21). É preciso distinguir, no entanto, entre "direitos estéticos iguais" – como quer Boris Groys – e a igualdade generalizada entre as imagens. No primeiro caso, tem-se a igualdade estética entre diferentes meios (pintura, escultura, fotografia, objeto, vídeo ou gesto), resultante das efetuações da arte moderna que alargaram o campo das possibilidades artísticas. A singularidade de cada obra resulta, desde então, do modo "como as várias artes ou mídias intercambiam seus poderes" (Rancière, 2012, p. 122). Os artistas podem se valer, em outros termos, das potencialidades que cada mídia possui de "mesclar seus efeitos aos das outras mídias", renovando as "possibilidades sensíveis que aparentemente teriam se esgotado" (Rancière, 2012, p. 125). Pode-se dizer que a imagem será pensativa, no caso de poéticas tecnológicas como as de Bill Viola e Gary Hill, na medida das "possibilidades inéditas de metamorfoses" decorrentes de novas técnicas e suportes, como os digitais (Rancière, 2012, p. 118). No segundo caso, o que há é a permutabilidade de imagens equivalentes (ou de igual valor). Do ponto de vista da regra, a diversidade das imagens circulantes na tela total pode parecer imensa, ou mesmo "incomensurável", como supõe a visão idealizada sobre a rede própria ao senso comum, quando na realidade ela é "altamente limitada", ou mesmo inexistente; enquanto do ponto de vista da exceção, a singularidade de uma imagem sobrevivente é um índice da "potencialmente infinita variedade" de imagens-enigmas (por vir) (Groys, 2015, p. 21). Não é preciso, todavia, atribuir a essa imagem sobrevivente, entendida como o poder residual de uma contraimagem (a "forma pensativa": a que nos olha porque "nela não há ponto que não nos mire"), um valor de redenção ou salvação, até porque, como ressaltou o próprio Didi-Huberman (2011, p. 118), a destruição, ainda que contínua, "nunca é absoluta". Supor que a máquina da visão cumpriria seu trabalho sem deixar resto ou possibilidade de resistência seria deixar-se ofuscar de tal maneira pela força dos projetores a ponto de não se entrever os lampejos ou *punti luminosi que enunciam "belas comunidades luminosas": "Ainda que beirando o chão, ainda que emitindo uma luz bem fraca, ainda que se deslocando lentamente, não desenham os vaga-lumes, rigorosamente falando, uma tal constelação" (Didi-Huberman, 2011, p. 60) – índice de alteridades possíveis? Pode-se, afinal, afirmar que, apesar da potência atual dos projetores, "a imagem não deixará tão cedo de ser pensativa"? (Rancière, 2012, p. 125).*

Referências

Augusto, D. (2015, 2 de agosto). Bem-vindo à linguagem. *Folha de S. Paulo*, Caderno Ilustríssima, 4-5.

Barthes, R. (1984). *A câmara clara*: notas sobre a fotografia. Nova Fronteira.

Barthes, R. (2003). *O neutro*: anotações de aulas e seminários ministrados no Collège de France 1977-1978. Martins Fontes.

Baudrillard, J. (1985). *À sombra das maiorias silenciosas*: o fim do social e o surgimento das massas. Brasiliense.

Baudrillard, J. (1991a). *Da sedução*. Papirus.

Baudrillard, J. (1991b). *Simulacro e simulação*. Relógio d'Água.

Baudrillard, J. (1997). *A arte da desaparição*. UFRJ.

Baudrillard, J. (2002). *Imagem e violência*: a fotografia como mídia do desaparecimento. CISC.

Baudrillard, J. (2004). *O anjo de estuque*. Sulina.

Baudrillard, J. (2005). *Tela total, mito-ironias da era do virtual e da imagem* (3.ª ed.). Sulina.

Baudrillard, J. (2007). *El complot del arte*: ilusión y desilusión estéticas. Amorrortu.

Bavcar, E. (1992). *Le voyeur absolu*. Seuil, 1992.

Belting, H. (2011). *A verdadeira imagem*. Dafne.

Blanchot, M. (2005). *O livro por vir*. Martins Fontes.

Campos, A. (1993, 16 de agosto). Do ideograma ao videograma. *Folha de S. Paulo*.

Costa, M. (1995). *O sublime tecnológico*. Experimento.

Deleuze, G. (1985). *Cinema 1*: a imagem-movimento. Brasiliense.

Deleuze, G. (1990). *A imagem-tempo*. Brasiliense.

Derrida, J. (2003). *A universidade sem condição*. Estação Liberdade.

Didi-Huberman, G. (1998). *O que vemos, o que nos olha*. Ed. 34.

Didi-Huberman, G. (2011). *Sobrevivência dos vaga-lumes*. UFMG.

Didi-Huberman, G. (2015). *Passés cités par jlg*: l'oeil de l'histoire (Vol. 5). Minuit.

Dubois, P. (1994). *O ato fotográfico e outros ensaios*. Papirus.

Favaretto, C. F. (2010). Arte e cultura nos anos 60: resistência e criação. In J. E. Santos (Org.), *Criatividade, âmago das diversidades culturais: a estética do sagrado*. SECNEB.

Foucault, M. (1981). *As palavras e as coisas*: uma arqueologia das ciências humanas. Martins Fontes.

Foucault, M. (2008). *Nascimento da biopolítica*. Martins Fontes.

Gagnebin, J. M. (1999). Da escrita filosófica em Walter Benjamin. In M. Seligmann-Silva (Org.), *Leituras de Walter Benjamin*. Annablume.

Galard, J. (2004). *La beaute a outrance*: réflexions sur l'abus esthétique. Actes Sud.

Galard, J. (2005). Arte, transfiguração e encontro no mundo contemporâneo: metáforas pétreas. In D. Milan & O. Matos (Orgs.), *Gemas da terra*: imaginação estética e hospitalidade [Colóquio]. Sesc.

Godard, J.-L. (Diretor). (2006). Je vous salue, Sarajevo. In J.-L. Godard & A. M. Miéville, *Four short-films* [dvd]. ECM.

Galard, J. (2012). *Beleza exorbitante*: reflexões sobre o abuso estético. fap-unifesp.

Groys, B. (2015). *Arte, poder*. UFMG.

Huyssen, A. (2014). *Culturas do passado-presente*: modernismos, artes visuais, políticas da memória. Contraponto.

Jameson, F. (1985). *Pós-modernidade e sociedade de consumo*. Novos Estudos Cebrap, 2(12), 16-26.

Jameson, F. (1991). Periodizando os anos 60. In H. B. Hollanda (Org.), *Pós-modernismo e política*. Rocco.

Jameson, F. (2001). *A cultura do dinheiro*: ensaios sobre a globalização.

Lacan, J. (1988). *O seminário VII*: a ética na psicanálise. Zahar.

Lacan, J. (2008). *Seminário, livro 11*: os quatro conceitos fundamentais da psicanálise. Zahar. (Trabalho original publicado em 1964)

Latour, B. (2008). *O que é iconoclash? ou há um mundo além das guerras de imagens?*. Horizontes Antropológicos, 14(29), 111-150.

Lehmann, H. T. (2007). *O teatro pós-dramático*. Cosac Naify.

Lipovetsky, G. & Charles, S. (2004). *Os tempos hipermodernos*. Barcarolla.

Lyotard, J.-F. (1987). *Que peindre?*: Adami, Arakawa e Buren. Éditions de la Différence.

Lyotard, J.-F. (1993). Algo assim como: comunicação... sem comunicação. In A. Parente (Org.), *Imagem-máquina*: a era das tecnologias do virtual. Ed. 34.

Pasolini, P. P. (1976). *Écrits corsaires*. Flammarion.

Rancière, J. (2005). *Sobre políticas estéticas*. Bellaterra.

Rancière, J. (2012). *O espectador emancipado*. WMF Martins Fontes.

Trajetórias – psicanálise e arte

Leopold Nosek,[1] *São Paulo*

Quero iniciar agradecendo à diretoria e à comissão organizadora o gentil convite para participar das comemorações dos 70 anos da nossa Sociedade Psicanalítica. Mais honroso ainda é poder dividir com os colegas minhas reflexões e inquietações. Olhando retrospectivamente, me surpreende constatar que faço parte dessa instituição desde 1976, ou seja, há 45 anos compartilho e percorro os diferentes caminhos por onde criamos injunções ideológicas, políticas e conceituais, e também por elas fomos matizados.

Sintomaticamente, nossa celebração acontece quatro dias depois das comemorações da data da Independência do Brasil, quando ficou patente a tentativa de um golpe de estado autoritário. De fato, ao pensar sobre meu tema, até quatro dias atrás eu não sabia em que país estaria hoje. E sintomaticamente a fala presidencial se encerra

1 Membro efetivo e analista didata da Sociedade Brasileira de Psicanálise de São Paulo (SBPSP). leopoldnosek@gmail.com

com o bordão "Deus, Pátria e Família", característico lema fascista.

Há pouco tempo tive em mãos o livro Psychoterapy in the Third Reich, *do pesquisador americano Geoffrey Cocks. A partir da história do Instituto Alemão de Pesquisa Psicológica e Psicoterapia dirigido por M. H. Goering, conhecido como Instituto Goering – esse Goering era primo de Hermann Goering, o segundo na hierarquia nazista do Reich –, Cocks nos mostra como uma psicanálise depurada de judeus, da teoria da sexualidade e da onipresença do conflito prosperou de forma significativa em todos os setores da sociedade alemã. Afinal, nuançada pela ideologia romântica tardia, nela havia lugar privilegiado para os sofrimentos da alma ariana.*

O ambulatório para pacientes que não podiam pagar atendeu em larga escala, como nenhum grupo psicanalítico atende hoje. Muitos psicanalistas não eram do Partido Nazista, queriam apenas sobreviver como profissionais e lutaram por isso. Analistas formados por essa geração tiveram recentemente assento na IPA, *Associação Psicanalítica Internacional. Assim como a história pode nos alertar e ensinar, a arte também o faz, pois ao captar o embrionário dos tempos ela nos ajuda a desvelar, sempre com um hiato de atraso, a atualidade.*

I

Foi assim que iniciei minha fala por ocasião do aniversário de 70 anos da SBPSP. A questão que vou desenvolver aqui, e que então apresentei, poderia ser sumarizada, grosso modo, em como representar a realidade, e em particular como representar a realidade psíquica. Gostaria sobretudo de fazer considerações sobre a arte, que, acredito, precede o pensamento conceitual, tal como os sonhos. Servindo-nos dela como um farol, podemos nortear nossos percursos atuais. A arte é universal e percorre toda a história humana, dos esboços das cavernas às mais sofisticadas e atuais correntes artísticas. Minha intenção nunca foi de ordem abstrata ou apartada de minha área de atividade cotidiana, mas sempre partiu da pressão que a atividade clínica me propunha, e também da necessidade de definir conceitualmente o recorte de pensamento das humanidades a que a psicanálise se refere (Quero lembrar que este texto é uma tentativa, talvez impossível, de fixar algo do que, por intermédio da fala, expressei naquela data).

Um poeta acorre em meu auxílio neste momento da escrita, Mario Quintana: "Qualquer palavra é uma borboleta morta espetada na página:/ Por isso a palavra escrita é sempre triste...". Isso me põe diante de uma velha questão pessoal que é minha angústia no momento de registrar uma apresentação oral. Diante do desafio de proferir uma palestra, sou tomado de ansiedade; nos dias que a antecedem, altero vezes sem fim o rumo da fala e as associações do pensamento. Só me tranquilizo quando a conversa se inicia e, estimulado pelo prazer de estar face a face com interlocutores, e também fertilizado pelas associações e reflexões anteriores, me permito ter como bússola as associações do momento.

A angústia da escrita se deve a idiossincrasias minhas, sem dúvida, mas também à natureza da disciplina que abordamos. Como dar substância aos fantasmas que habitam nossa prática e nossos conceitos? Como conferir forma ao que é movediço como a memória e a sombra? Ao mesmo tempo, como afastar o cortejo de sombras que povoam cada palavra? Vestir os fantasmas que nos habitam com um lençol, seria essa nossa tarefa. O tecido lhes dará visibilidade, mas eles continuarão a nos assombrar e a nos pôr à prova através dos dois buracos atrás dos quais, desde uma profundidade infinita, estariam seus possíveis olhos. Ao jogar sobre eles um lençol, ao atribuir-lhes formas, cobri-los de palavras, esses fantasmas de algum modo ganharão a possibilidade de serem pensados.

Li em algum lugar, ou talvez tenha sonhado, que Coleridge teria dito que a sombra do observador modifica as cores que o camaleão absorve de seu ambiente. Nessa síntese tão fértil, podemos perceber toda a dubiedade que está na base de uma relação intersubjetiva. Wittgenstein já nos preveniu que não podemos alcançar o sentido das coisas; podemos falar de relações, mas o sentido atende pelo nome de Deus. As Escrituras, por outro lado, nos ensinam que o nome divino não pode ser pronunciado, pois tal nome não só O alcança como desfaz Sua substância, configurando uma redução de Sua essência e, portanto, grave heresia.

Vejo que já me afastei do que pretendia, ou seja, o registro da palestra proferida em 11 de setembro de 2021. Provavelmente quem me lê agora não lembra que naquela semana estivemos inquietos e receosos ante uma ameaça de golpe contra a democracia que assombrava a comemoração de nossa independência. A memória reduziu minhas associações a escombros que hoje tento reconstruir. Com um pouco mais de distância, também penso nas agruras que nos acometeram durante a pandemia, obrigados a um constante desafio para inventar saídas para situações inéditas. Mobilizados por essa circunstância, por nossas relações, pela idade e a imagem que temos de nós e de nossa realidade corporal, uma miríade de memórias atravessam nossos filtros e todas as idades da memória poderiam se apresentar. Precisamos figurar o real que ao mesmo tempo foi o desencadeador da necessidade de figuração.

Que lindo problema Freud nos propõe acerca da neurose atual e como alcançar a sua necessária expressividade para poder pensar o que nos desafia vindo do corpo e do mundo. Temos todas as idades e suas sombras, caminhamos em meio a sincronias e diacronias e, por outro lado, mal alcançamos a idade atual. Lembro que em carta dirigida a Pfister, em 10 de janeiro de 1910, Freud diz: "Pois todos os recalcamentos se processam sobre 'recordações', não sobre 'vivências', que podem, no máximo, ser recalcadas 'posteriormente'". Onde Freud diz recordações, substituo pelo que estou chamando de representações, e as vivências referidas terão um trajeto a percorrer. Essas memórias constituem o que chamamos nossa identidade e tornam-se uma espécie de filtro que matiza novas experiências.

Se a questão da representação e da possibilidade do pensamento assombra a existência da humanidade desde sempre, então me pergunto: qual a especificidade da minha questão? Afinal, o que define a psicanálise? É uma pergunta corriqueira, cujas respostas se figuram de forma caleidoscópica a cada momento.

No início da década de 90, em minha primeira gestão como presidente dessa sociedade, propus um recorte para definir nosso campo: os conceitos fundamentais seriam alocados num eixo que enquadraria nosso horizonte. Como conceitos fundantes, elegemos o inconsciente, o recalque, a transferência e a sexualidade infantil. A ausência de algum deles nos afastaria do campo. Era evidente que essa minha formulação era devedora do estruturalismo, em particular da obra de Althusser. Tal programa foi brilhantemente conduzido por Maria Olympia França e, apesar da origem lacaniana da proposta, nós nos movimentamos num acerto de contas parcial com nossa tradição kleiniana e bioniana. Freud esboçava seu regresso a nossa instituição. Continuo hoje em sintonia com a proposta freudiana, que, tal como ocorria quando Freud vivia, é objeto de recusa e afastamento; as resistências são e serão perenes e nunca deixam de se apresentar, inclusive para mim.

O que acabo de afirmar pode nos lembrar o paradoxo socrático acerca do saber que não se sabe; ou a popular metáfora bioniana tão comum em nosso meio acerca da impossibilidade de atingir a realidade em si. Ou ainda a pré-socrática questão de Parmênides: o que é é, senão não seria. Ou mesmo Heráclito, que afirmava que nunca nos banhamos duas vezes no mesmo rio, as águas já são outras. De qualquer modo, Freud se perguntava, em *O ego e o id*, como podemos representar o inconsciente. À pergunta se o inconsciente aflora ou se mergulhamos em sua busca, sua resposta recusa as duas possibilidades: o inconsciente é apreendido por estruturas que lhe correspondem. Assim, voltamos à questão da representatividade e a meu tema, psicanálise e arte.

II

Gostaria de refletir sobre a analogia entre a psicanálise e a literatura, e mais propriamente entre a psicanálise e a arte. O que segue é uma tentativa de sumarizar a questão ao longo da minha trajetória profissional.

Em sua tradição religiosa e filosófica, o pensamento ocidental nunca deixou de buscar o sistemático, melhor dizendo, o totalizante. Sem uma intenção programática, o mesmo ocorre comigo, o que me obriga a constantemente exercer um pensamento crítico. A proposta aristotélica da identidade da coisa ao conceito (*adaequatio rei et intellectus*) sempre me pareceu uma busca infrutífera. Minhas percepções dos pacientes se tornavam rapidamente anacrônicas, e minha visão dos conceitos se deslocava sorrateira através de novas associações.

Como disse o poeta Mario Quintana e também Walter Benjamin, o pensamento sempre se move em clima de melancolia. O anjo da história não só acumula vestígios do passado e ruínas, como é uma história contada por vencedores. Como seria a história recuperada dos vencidos? Em épocas de destruição do pensamento, dizia Benjamim, até os mortos correm perigo. A própria história se destrói. Benjamin propunha trilhar o caminho das alegorias em detrimento do pensamento clássico, em que o valor de uma afirmativa seria seu percurso do concreto para o abstrato. A figuração alegórica, mergulhada em melancolia e justapondo escombros ou recortes da tradição cultural, elaboraria novos constructos para dar conta do efêmero do momento representado. Isso me servia: a arte como analogia poderia me aproximar do método. Seria uma busca do geral a partir do particular. É claro que faço um resumo, e a questão é mais complexa e abarca muitos outros elementos.

Assim pensando, eu diferenciava o pensamento cotidiano, corriqueiro, que se vale do senso comum e me permite a impunidade de dizer: "Vou acender a luz", e de fato acendo a luz sem maiores problemas. Reconhecia também que poderia ter um pensamento técnico e científico acerca das variáveis presentes no acender da luz. Por outro lado, esse pensamento conduziria a abstrações que descartariam a importância da minha subjetividade; lembrei também que sempre que uma lei científica recebe o nome de seu autor, isso é tomado como uma homenagem. Em minha prática clínica e conceitual, porém, eu me encontrava diante do dilema que Coleridge, ainda no século XIX, colocara de maneira desafiadora: a sombra do observador muda as cores do camaleão. Camaleão que, como sabemos, muda suas cores em função do ambiente. Objeto e sujeito da observação são questão para a mimese e, portanto, para a representação.

Jung e Adler viam determinadas cores e os discípulos mais fiéis de Freud viam outros matizes, supostamente observando o mesmo objeto. Além disso, constato como cada geração de analistas oferece outras construções metafóricas que, como as precedentes, sempre se mostram insuficientes. Obviamente, por todo esse acúmulo de inseguranças tendemos a nos aferrar a palavras sem discriminar os espectros, sombras e temporalidades que as acompanham e que vão impedir que se estabeleça uma comunicação real. Talvez essa seja uma razão pela qual insistimos que apenas a análise pessoal permite que alguém se torne analista. Junte-se a isso as supervisões e constatamos que, por meio da palavra falada, transitamos entre individualidades imersas no tempo. Aí vamos encontrar os primeiros conceitos significativos.

Neste momento não estou pensando apenas na linguagem como palavra, a qual, como sabemos, tem uma emergência tardia em nosso desenvolvimento. Podemos falar de representação numa obra de artes plásticas por meio da linguagem expressa por imagens, texturas, cores, luz etc. Podemos falar em linguagem musical, que transcorre no tempo, com uma sintaxe e uma gramática próprias. Também podemos nos referir à linguagem coreográfica, e nos é familiar pensar na linguagem das instalações e performances. Estamos longe do tempo em que Freud usava como modelo a pintura e a escultura, quando nossas intervenções e nossos silêncios podiam ser definidos nos modos "*da pore*" e "*da levare*", e necessariamente tinham uma moldura. Lembremos que cada linguagem tem, necessariamente, uma gramática e uma sintaxe. A música, por exemplo, tem leis como a clássica organização tonal. A própria improvisação do Jazz transcorre em meio a regras e um parâmetro organizativo.

Sendo assim, nossa prática passa inevitavelmente pela cultura, pela história social e individual, pela subjetividade, por objetos internos e o talento pessoal. Como a arte, cada psicanálise terá uma autoria, buscará a representação e a comunicação. Afinal, não somos praticantes da psicossíntese, mas caminhamos por singularidades cada vez mais radicais. A obra de arte contém em si, em sua particularidade única, a generalidade, a representação de universais humanos. Aí estamos diante do sintoma, nossa matéria-prima que se revelará como síntese de múltiplas determinações e buscará o conceito que a universaliza.

A grande invenção psicanalítica é a situação analítica, que caminha pela livre associação; na análise, são poucas as vezes que a linguagem é comunicativa em si; além do mais, a linguagem entranha uma ação sobre o receptor (o discurso do outro pode me inibir, me excitar, me fertilizar, me matar), e em sua generalidade carrega nas palavras a intencionalidade pulsional e sua busca objetal. Como no famoso ideograma de Freud em sua obra fundadora, *A interpretação dos sonhos*: a situação analítica inverte o fluxo usual da vida de vigília, na qual o psiquismo caminha do polo perceptivo em direção ao polo motor. A situação analítica mimetiza a situação onírica: ao impedir a ação, ela vai propor o trajeto em direção ao polo perceptivo. Desse modo cria-se uma instalação e uma performance. Impedida a ação, paradoxalmente tudo pode ocorrer e todos os fantasmas, espectros e sombras são convidados a se apresentar. Podem ocorrer paixões, crimes, assassinatos e suicídios.

Em nossa prática habitual, buscamos a "palavra". A palavra em nossa arte será particular, terá a cidadania do consciente e do inconsciente, descortinará, com a nossa participação, uma autoria singular do analisando. Ambos os participantes terão um vislumbre, uma centelha fugaz do que chamamos realidade psíquica. Será um ato social muito peculiar. Costumo dizer que a sala de análise tem como precursores a alcova e simultaneamente o templo. É o espaço do sexual e do sagrado onde nasce o verbo, a palavra. Quando buscamos a linguagem universal, construímos nossa Babel e a raiz de muitos dos conflitos que caracterizam as instituições psicanalíticas. Atravessamos a pele e sua proteção e descobrimos os orifícios por onde o interno encontra o externo, onde a mucosa se estende em epiderme, e onde encontramos as epifanias que nada mais são do que o momento de êxtase em que nosso universo das entranhas encontra um universo exterior que lhe corresponde. À diferença de Santa Teresa D'Ávila, que, diante de uma aparição do Senhor empunhando uma espada vermelha, teve um êxtase de doze horas, poderemos compartilhar poucas e efêmeras epifanias...

Assim, nossa arte é radical como nenhuma outra. Quando a "palavra" ocorre nessa instalação, apenas duas pessoas terão essa experiência e essa visão. Ainda mais radical é essa arte, pois com essa dupla cidadania a palavra buscada pela psicanálise inevitavelmente repousará no inconsciente dos participantes e será esquecida enquanto experiência. Se tivermos algum talento literário, tentaremos recuperá-la, mas aí será outra arte, uma arte literária. Creio que hoje nossa poética se desdobra num território no qual, parafraseando Freud, podemos dizer: onde havia o ato, possa agora haver a "palavra", e essa será a matéria-prima do pensamento.

Por ocasião do atentado às Torres Gêmeas (há exatos vinte anos), Stockhausen, compositor contemporâneo de música eletrônica, afirmou à revista *Spiege*l que esse era o modelo de arte que ele gostaria de fazer. Uma obra em que autor e espectador morrem no momento da realização estética, tudo isso mostrado pela tevê para bilhões de pessoas. Obviamente sua metáfora não foi entendida e ele teve que se retratar. A metáfora não vive sem o tradutor, e sua incidência em outro campo se faz opaca. Entre outras associações, creio que ele se referia ao efêmero da existência da palavra que possibilita a epifania. Aí estaria a arte que inevitavelmente vai ter as cores e o caráter do autor e do receptor.

Assim foi meu início reflexivo e aí caberia a metáfora do campo escuro em que nos movemos em meio aos vaga-lumes. Na efemeridade de seu luzir, esses insetos logo se apagam e reaparecem nos locais os mais imprevisíveis. Com alguma paciência e acúmulo de experiências, teremos um vislumbre do campo no qual nos movemos. Lembro que os vaga-lumes devem sua luz à necessidade sexual, seu acender precede e propicia o ato do acasalamento e da fertilidade. Numa reflexão acerca desses insetos, Didier Huberman lembra Pasolini, que dizia que um dos fenômenos que ele detectava em Roma, em função do recrudescimento do fascismo, era a desaparição dos vaga-lumes pela cidade – a extinção dos vaga-lumes a sinalizar a terra árida, terra arrasada.

A metáfora dos vaga-lumes mereceria uma reflexão a respeito dos tempos em que nos movemos, mas isso será para outro momento. No anseio pela totalidade, sempre seremos assolados pela teologia e pelo positivismo: quantos relatos clínicos podemos ver que caminham pelas expectativas da narrativa sagrada de criação, revelação e redenção?

III

Trago agora um exemplo da aplicação dessas ideias, não no campo clínico, mas no trabalho editorial. Quando fui editor da *Ide*, procurei o espírito dos tempos, o Zeitgeist de uma época em que saíamos de um longo período ditatorial e o anseio de liberdade estava na ordem do dia. Era o final dos anos 80 e início dos anos 90. A *Ide* publicou pela primeira vez relatos das supervisões de Bion em São Paulo, além de entrevistas com os autores que nos visitavam, despojando-os de uma aura de autoridade dada de antemão e ressaltando a intersecção inevitável da clínica com a cultura. A publicação conheceu tamanho sucesso que tivemos cerca de seiscentos assinantes fora da SBPSP. Isso gerou um lucro que permitiu a ousadia de enveredarmos por outros projetos.

A *Ide* cresceu nas bordas da instituição. Aliás, o espaço fronteiriço é o território da inovação. Elaboramos o *Projeto Memória*, que deu dois frutos, um livro e uma exposição. O livro *Álbum de família, imagens, fontes e ideias da psicanálise em São Paulo* saiu em 1994, e foi editado pela Casa do Psicólogo. Criamos a mitologia da fundação de nossa sociedade simultânea à explosão modernista da Semana de 22. O próprio movimento antropofágico recorreu a Freud para, de certa forma, ressignificar o movimento social, valendo-se da oposição entre o pulsional e o estabelecido na tradição, entre o primitivo e a cultura, confrontando assim o mimetismo colonizado das elites. Deixamos de lado a migração de grande parte dos integrantes da então nascente sociedade para o integralismo e as esferas autoritárias e retrógradas de nossa sociedade brasileira. Em algum momento caberia rever esses percursos.

A exposição "Brasil, modernismo e psicanálise", com curadoria de Olívio Tavares Araújo, Mariângela Moretzsohn e minha, teve lugar no MASP, no mam do Rio de Janeiro e na Fundação Cultural Banco do Brasil em Porto Alegre, em 2000, mesmo ano em que veio a São Paulo a exposição "Freud, conflito e cultura", da Biblioteca do Congresso Americano. A mostra, que contou com uma grande equipe em sua organização, depois deu origem ao Centro de Memória de nossa sociedade.

Mas vamos ao que nos interessa aqui. Eu estava em busca de um *design*, de um formato que já desse ao leitor a ideia do que se tratava a publicação no momento em que ele tivesse a revista em mãos. Queria que o concreto da materialidade daquelas páginas expressasse de algum modo seu conteúdo.

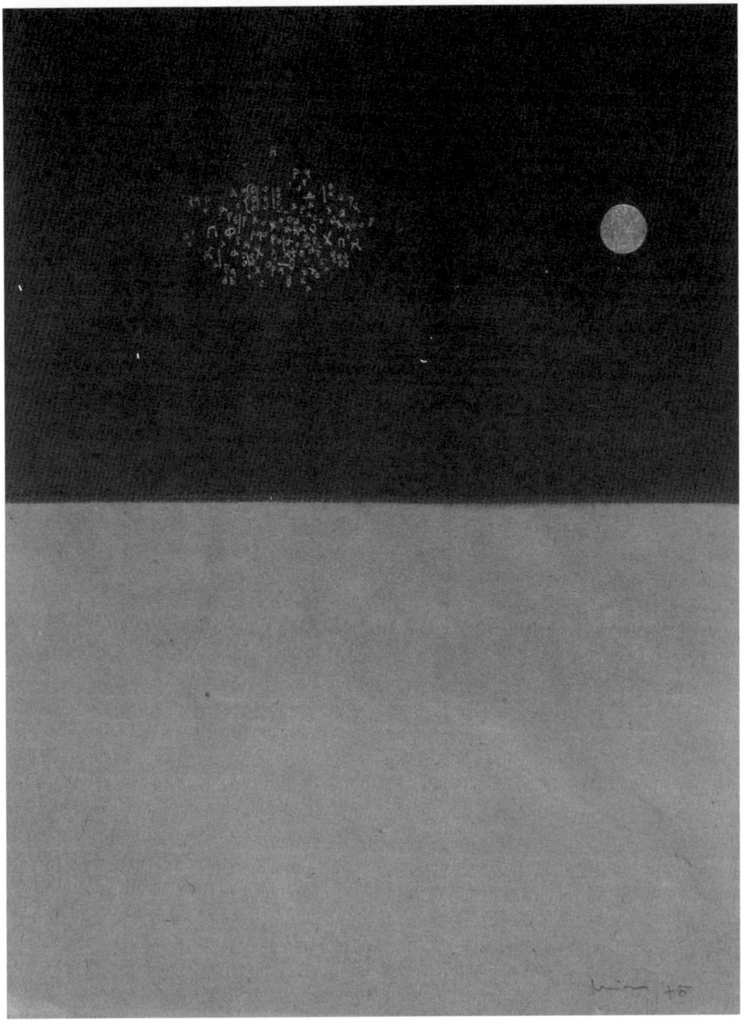

Mira Schendel

"Sem título", técnica mista, década de 1980

Mira Schendel

"Sem título", técnica mista, década de 1960

Na época eu estava muito entusiasmado pelo trabalho plástico da artista Mira Schendel, que morrera em 1988. Suas monotipias, nas quais traços e letras emergiam de um papel quase transparente, me intrigavam; às vezes podíamos vislumbrar frases cujas letras não tinham a homogeneidade de tipo ou corpo, como que querendo se organizar. Via a beleza possível num ideograma, num traço, em letras procurando a palavra. Quem já foi a uma exposição da artista pode ter tido a experiência de adentrar numa atmosfera sagrada.

Minha impressão era que assistíamos às tentativas de nascimento da palavra, aos primórdios do Verbo. Em uma das ilustrações podemos imaginar uma constelação de estrelas-letras em busca da "palavra" no vazio do mundo. Na outra, as palavras buscam o verso de Paul Éluard, no caso, "No vazio do mundo, os teus cabelos cor de laranja".

A partir disso surgiu a ideia de publicar um manuscrito de Freud, um diagrama, alguma coisa que precedesse o pensamento conceitual. Encontramos na correspondência com Fliess o esquema sexual de 1895, e foi ele que se tornou a marca registrada da revista *Ide*. Mas ainda faltava dar representação plástica à subjetividade do leitor.

Então resolvemos superpor ao esquema o desenho de uma lente. A cada edição, a lente figurava em um lugar do diagrama. O primeiro a escolher o local da lente fui eu, e eu a dispus sobre a palavra "sexual".

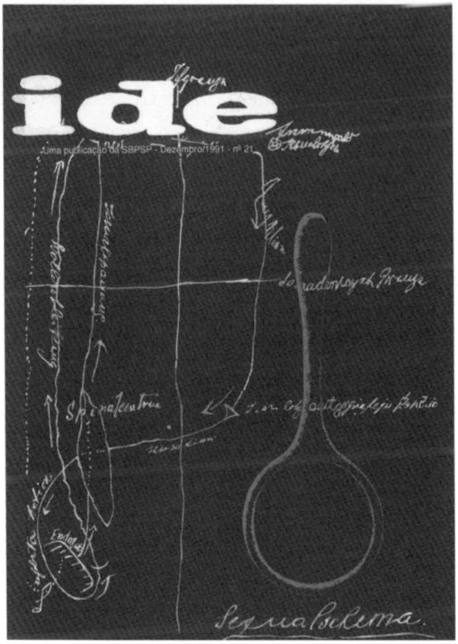

Capa *Ide* (1991)

Ilustrações de Tomie Ohtake

A seguir cada artista que ilustrava a revista tinha a liberdade de pôr a lente onde bem entendesse. Não lembro exatamente dos nomes dos colaboradores, mas depois de mim, alguém a posicionou numa intersecção de linhas do esquema; o seguinte, num espaço vazio; um outro vetou a lente com papel espelhado, de modo que a visão privilegiaria o observador; outro ainda fez do vidro da lente um buraco através do qual se via o interior da revista e assim foi. Foram vários os artistas que colaboraram conosco; um dos números, por exemplo, foi ilustrado por Tomie Ohtake e diagramado por Ricardo Ohtake. Até hoje podemos ver em nossa sede, além das fotos do *Álbum de família*, os desenhos que Tomie gentilmente doou para a revista.

Como se pode perceber, o nascimento do conceito, da palavra, foi uma obsessão precoce e permanente em minha trajetória. Palavra que teria de ser encarnada, e ao usar essa metáfora me refiro a uma "palavra onírica" que terá a cidadania simultânea de pertencer a uma face consciente e a outra inconsciente. Green e Bion, e também Laplanche, se detiveram em suas reflexões acerca dessa trajetória que costumamos situar na segunda tópica de Freud, mas que percorre toda sua obra a partir do "Projeto para uma psicologia científica", de 1895. Em seu famoso trabalho, "A grade", Bion apresenta uma hierarquia e o uso possível de representações ou de palavra; a categoria C da grade, a categoria dos sonhos, ele diz, mereceria uma grade em si. A propósito, Bion fala também que cada um deveria construir sua própria grade ou pensamento acerca da construção e uso da representação.

Anos mais tarde, como editor do *International Psychoanalysis*, a newsletter da IPA, me empenhei para que a publicação fosse mais que um veículo de atividades burocráticas e se tornasse um vetor de debates. Em minha estreia na função, chamei Mario Cohen para diagramar meu primeiro número e o ilustramos com fotos de Mário Cravo, a lembrar a negritude que caracteriza e assombra nosso país.

Para a capa, escolhemos um detalhe de uma foto da cabeça de um bebê negro que nos fazia pensar estar diante do mundo.

Capa IPA

Bebê negro (detalhe)

Nunca vou saber se o escândalo que aquele número provocou veio de sua figuração ou do debate acerca das verbas de pesquisa empírica em psicanálise, debate para o qual foram convidados André Green e Robert Wallerstein. No segundo número, provocados pela reação adversa vinda das esferas oficiais, ilustramos a edição com afrescos do Inferno pintados por Signorelli na capela de Orvieto, citados por Freud em *Psicopatologia da vida cotidiana*. Reproduzimos imagens em branco e preto e levamos ao paroxismo a eloquência do contraste. Obtivemos imagens do Renascimento que poderiam figurar num gibi contemporâneo, mas não vou me estender nas possibilidades metafóricas desse resultado. Um debate sobre as instituições psicanalíticas era o texto principal da edição, travado entre Bob Tysson, então secretário da IPA e forte opositor da nova revista, e Jean-Claude Rolland, um psicanalista com pensamento crítico. Como editor, era inevitável que eu tivesse uma coloração ideológica, e assim dei o direito a réplica a André Green e Jean--Claude Rolland. Fiz ainda um último número e fui devidamente destituído. O cargo de editor pressupõe independência, e isso nem sempre ocorre. A IPA só passou a ter uma revista própria, ainda que parcialmente, anos depois, com a eletrônica Psychoanalysis Today.

Capa *IPA*

Afrescos da Capela de São Brizio da Catedral de Orvieto

Luca Signorelli (1445-1523)

(Detalhe retrabalhado graficamente)

Dado o caráter científico da *Revista Brasileira de Psicanálise*, quando a editei encomendei a Rodrigo Andrade um projeto gráfico de fundo branco, do qual emergiam letras e a palavra que se pretende conceitual e clínica. Mas como as linguagens são múltiplas, fizemos algo que possivelmente passou despercebido e não sei se perdura. Para a capa escolhemos um papel especial, sedoso, com a textura de um veludo: talvez alguém pudesse pôr a revista no colo ou ter uma experiência carinhosa ao recebê-la... Quantas vezes ouvimos comentários acerca da textura da voz do analista? Ou ainda comentários sobre os odores da sala de análise? Fica a ideia de uma revista de cheiros. Há uma artista plástica brasileira, Valeska Soares, cujas obras contêm perfumes. Quem sabe em algum momento poderemos editar uma revista com sons e odores. Num exemplo bastante simples da clínica: se alguém nos disser "estou triste" em voz baixa, e repetirmos "triste" em voz alta, altissonante, acrescentaremos uma cor ao adjetivo, uma textura, trocando o pálido bege da afirmativa pela eloquência de um vermelho que muda toda configuração do quadro. O paciente ouve a si mesmo em outro tom.

Por fim, participei da criação da Revista Caliban que representa a Fepal (Federação Psicanalítica da América Latina), mas discorrer sobre ela alongaria demais um argumento que já está suficientemente estendido.

A figurabilidade sempre esteve no centro de minhas preocupações analíticas, e mais tarde a obra de Didier Hubermann, entre tantos outros autores, apenas reforçou minhas convicções.

Mas a questão reaparecerá sempre: como unir intuição poética e rigor conceitual, como dar atualidade ao que surge permeado pelos escombros da memória. Assim é a clínica, permanentemente assolada pelas tempestades e violências que vêm do mundo e do corpo, e submetida a paixões que renascem do infinito silêncio das entranhas. A elas se contrapõem primitivas identificações de culpa, perseguição e punição, para só alcançar algum descanso provisório na "palavra", na representação que permite o prazer do pensamento.

Bem, entusiasmado pela escrita, me afastei um tanto do que seria um relato mais conforme ao que ocorreu no debate ao vivo. Mas creio que é assim como as coisas ocorrem. Outra noite, outros vaga-lumes, outros trajetos...

IV

Em algum momento fiz face às reflexões de Emannuel Levinas, quando ele contrapunha a noção de infinito à tradição ocidental de busca da totalidade. Não vou me estender, pois já discuti essas questões em meu livro *A disposição do assombro*. Apenas lembro que Levinas, ao estudar a ética como primórdio do pensamento, diz que a noção de infinito traumatiza o seu conceito. Pois se o conceito abarcar o seu objeto, o infinito, esse se desnaturaria, deixaria de ser infinito. O infinito rompe, portanto, os limites de seu conceito, ele o traumatiza. E Levinas, apesar de sua religiosidade, também diz que, ao contrário de Descartes, o conceito não vem para provar a existência divina. Nasce da visão de outro rosto humano que rasura definitivamente nossa identidade. A ética seria a submissão à alteridade que nos traumatiza, e assim o conhecimento não parte da ontologia, da busca primordial do ser, mas de um gesto de quem se deixar traumatizar pela infinitude do outro. Para nós, psicanalistas, a questão fica terrivelmente mais complexa se, à metáfora do rosto, acrescentarmos a presença metafórica da nuca. Objeto primordial de nossa prática, que se apresenta como a onipresença do inconsciente

O gesto ético precede o momento do pensamento. Segundo Levinas, conhecer não seria obturar a incompletude, mas sim ganhar altura. Encontrar uma palavra implica procurar a próxima; ao relato de um sonho surge a demanda de um novo sonho, ou de uma "reonirização", do sonhado previamente. Talvez os novos relatos sejam mais apropriados, mas isso será diferente de encontrar a verdade. A dicotomia entre realidade sensorial e pensamento se revela uma falácia. Alguém cego de nascença que recuperasse a visão não teria diante de si nenhuma realidade sensorial, mas encararia o caos. Careceria de organizadores, memórias que, como filtros, atribuiriam significado e organização aos estímulos dos sentidos.

Essas colocações para mim não contradiziam a dialética negativa de Adorno, minha formação, penso, mas apenas lhes davam outro matiz. Para Adorno, cada ato de conhecer é acompanhado do resto desconhecido que se apresenta em sua simultaneidade dialética. O ato do conhecer dá primazia ao sujeito do conhecimento e a interrogação oferece a cena ao objeto. Isso nos posicionará diante de uma inevitável movimentação dialética.

De qualquer modo, em um dado momento o gesto ético ganhou primazia em meu pensamento.

Quando me deparei com a noção de sublime em Kant, um novo giro: o sentimento de beleza vem quando, diante de algo infinito, temos uma fugaz apreensão compreensiva. Para ele, isso se dava diante de fenômenos da natureza, um vulcão, uma tempestade, um terremoto. Nós, por outro lado, estamos diante de outros fenômenos da natureza: as pulsões, as paixões, a violência do psíquico, as fronteiras do psíquico com o corpo e o mundo. Todos, creio, já se depararam com a experiência estética que ocorre algumas vezes de forma efêmera em situações clínicas. Que se desvanecem e, ao repousar no inconsciente, dão caráter definitivo ao fugaz de nossa arte e de sua estética radical.

Fico devendo uma reflexão mais detida acerca dos sonhos e sua categorização, e também acerca das noções de pele psíquica, de fronteiras e sobretudo desses orifícios nos quais as entranhas encontram o mundo e as mucosas se entrelaçam com a epiderme, e que nesse encontro com outra subjetividade nos podem trazer a experiência de uma epifania.

Referências

Adorno, T. (2009). *Dialética negativa.* Zahar. (Trabalho original publicado em 1966)

Cocks, G. (Ed.) (1997). *Psychotherapy in the Third Reich* (2.ª ed.). Transaction Publishers.

Steiner, G. (2003). *Gramáticas da criação* (S. A. Andrade, Trad.). Globo.

Freud (1996). O ego e o id e outros trabalhos. In S. Freud, *Edição standard brasileira das obras completas de Sigmund Freud* (Vol. 19). Imago. (Trabalho original publicado em 1923-1925)

Freud, S. (2009). *Cartas de Freud a Pfister* (1909-1939): um diálogo entre a psicanálise e a fé cristã. Ultimato.

Freud, S. (2019). A interpretação dos sonhos. In S. Freud, *Obras completas* (Vol. 4). Companhia das Letras. (Trabalho original publicado em 1900)

Monk, R. (1990). *Wittgenstein*: o dever do gênio. Schwarcz.

Lygia e Virginia (1970)

CDM-SBPSP

GRÁFICA PAYM
Tel. [11] 4392-3344
paym@graficapaym.com.br